24H

沖繩漫旅

Okinawa guide

Perfect trip for beginners & repeaters.

瑞昇文化

Keep Calm & Relax.

めんそーれ（歡迎光臨）──沖繩。

「なんくるないさ（順其自然）」──。

這是我最喜歡的沖繩話。

無論是溫柔、嚴厲、悲傷，總是毫無保留地以原有的姿態，「順其自然」無條件地接受到訪的人們。沖繩，就是這樣的一個地方。

這裡的人們內斂而精力旺盛，這裡的大自然生機盎然，這裡的時間悠然流逝、不分時代，處處令人想起最原始的自己。

自因為工作而時常光臨沖繩的更早之前開始，我每次一成功請到長假，就會飛到沖繩的某個島上，從早到晚花上一整天眺望大海，晚上則是在滿天繁星之下，喝著泡盛閒談著……未事先做任何行程安排，僅僅只是將自己全然地交付給大自然。一瞬間不經意的香氣或景色、海風的聲音與島上婆婆的笑談聲，每一個都是令我難以忘懷的珍貴寶物。

我認為待在沖繩最重要的一點，就是不違背自然，也不執著於行程規畫。唯有一邊確實掌握區域和時間特性，一邊隨著當下的心情或是天氣而行動，才能充分地感受沖繩的魅力。

沖繩總是以「順其自然，一定沒問題」的態度來包容每一個人，我衷心祈望讀者們也能徜徉於沖繩廣闊而溫暖的懷抱之中。

橫井直子

CONTENTS

24H Okinawa guide

Perfect trip for beginners & repeaters.

Morning (06:00-11:00)

Noon (11:00-14:00)

在利用本書之前

閱讀資訊的方式

☎＝電話號碼　🏠＝地址
⏲＝營業時間　餐廳為開店～打烊時間，設施為最後入場・入館時間。
開館時間　有時實際營業時間會比書中標示還早結束，請務必注意。

🔒＝公休　原則上只標示除了例假日和新年假期以外的公休日。
¥＝費用　入場或利用設施需要費用時，只標示大人費用。
🚗＝交通　交通方式或從起始地點前往該地的所需時間。
Ⓟ＝停車場　停車場有無表示。

URL ＝ HP 網址
MAP P.00A-0　表示此地店在地圖上的位置。

★本書所刊載的內容為2018年7月時間點的資訊。
★本書出版後，內容資訊也可能會變更，使用前請先確認。
★所介紹的商店商品可能會出現售完或價格改變的情況。
另外，費用、營業時間、店休日、菜單等也有可能出現變更，旅遊前請事先確認。
★若因為本書所刊載的內容而造成損失時，恕敝出版社無法負責，敬請見諒。

Okinawa My Best Hotels

Okinawa Cafe guide

Night (18:00-22:00)

Afternoon (14:00-18:00)

Late Night (22:00-00:00)

Hello!! OKINAWA

因為氣候不盡相同，沖繩就連季節性活動都會比日本內陸地區早上一步。
就讓我們先來掌握一些，事先有所了解就會玩得較盡興的重點或區域特色吧！

[年度活動行程 & POINT]

1月
1月中旬～2月上旬
本部町 八重岳櫻花祭

天冷時溫度會下降到10℃的此時期，正是欣賞沖繩櫻花的最佳時機。八重岳桜の森公園裡寒緋櫻將會盛開。

2月
陰天的機率較高

天氣像春天般的日子漸多，連禦寒衣物都不需要的程度。只是，每年到了這時節陰天也會變多。

3月
3月上旬～下旬
東村 杜鵑花季

溫暖和煦的日子變多，在沖繩縣北部的東村村民の森つつじ園，屬於山原大自然中的5萬多朵杜鵑花盛開於此。

4月
開放海水浴場！

一年之中天氣最穩定的時期。會於上旬舉行開放海水浴場的儀式，但是這時游泳可能水溫還太低？

5月
5月上旬
那霸「爬竜」

上旬時於那霸港新港碼頭，舉行那霸爬（ハーリー）活動，這是祈求漁獲豐收及平安的龍舟競賽。中旬時進入梅雨季。

6月
梅雨季終於結束

每年多少會有些許差異，但梅雨季往年大多落在下旬結束，氣溫亦隨之攀升。因為海水溫度也上升了，可享受玩水樂趣。

7月
7月中旬
海洋博公園 Summer Festival

湛藍的海洋、蔚藍的天空！能享受這樣美景的最佳季節。在海洋博公園會舉辦發射一萬發煙火的煙火大會。

8月
舉辦很多祭典

進入酷暑。此時期的紫外線照射，強到稍不留神就會釀成大悲劇，請特別注意。中元節前後會舉辦很多祭典。

9月
颱風季

一年最多颱風侵擾的時節。比8月稍微不熱一點，但依舊是夏天。沒有颱風的空檔又悶又熱。

10月
海邊娛樂季節結束

邁入日照變短的「殘暑」時節氣候。早晚氣溫轉涼，變得舒適宜人。開放游泳的期間大多也到10月底為止。

11月
終於進入秋天！

轉為秋天氣候，天氣也變得穩定，但是雨天會顯得冷、晴天則會揮汗如雨，穿著短袖時，最好還是帶著可以披著穿的長袖薄外套。

12月
12月中旬～1月上旬
糸滿 和平燈節

沖繩終於迎來冬天。糸滿市的糸滿觀光農園裡，會以40萬個LED燈泡打造出夢幻般的燈光世界。

[掌握本島的距離感]

從那霸機場出發

抵達國際通り 5km 20分
（雖然很近但也很常塞車。時間抓鬆一點！）

抵達万座毛 55km 70分
（沿著海邊從許田IC到本部半島兜風！）

抵達沖繩美麗海水族館 95km 120分

抵達辺戸岬 125km 145分
（過了道の駅 ゆいゆい国頭就很少有店家，還請留意）

抵達斎場御嶽 28km 45分

[經常使用的沖繩方言]
（沖縄の方言）

基本

- めんそーれ⇒歡迎光臨
- にふぇーでーびる⇒謝謝
- なんくるないさ⇒順其自然
- ちばりよー⇒加油
- うちなーんちゅ⇒沖繩人
- でーじ⇒相當地、非常

食物

- そーき⇒滷豬排骨肉
- ちゃんぷるー⇒什錦拌炒料理
- いまいゆ⇒新鮮的魚
- しまー⇒泡盛

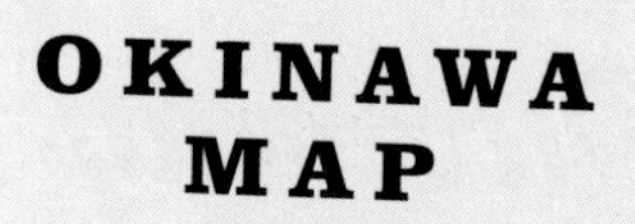

未經開闢的大自然！

山原（やんばる）

包含國頭村、大宜味村、東村在內的北部地區。滿懷秘境氛圍的森林裡，棲息了沖繩秧雞等野生動物，能飽覽綠意的活動也很豐富。

有山有海還有絕佳景點！

美麗海水族館周邊

主要景點是沖繩美麗海水族館，但周邊其實還有備瀨福木林道和古宇利島＆瀨底島等，很多值得一訪的景點。也有很多天然海灘。

沖繩美麗海水族館

首次來訪者可以於此停留

西海岸度假區

飯店沿著恩納海岸接連排列。洋溢度假勝地氛圍的海灘也所在多有。陶器愛好著的聖地・里更是必訪！

中部

港川外人住宅聚集了數十家將美軍相關住宅重新裝潢的商店。以此為首，時尚的咖啡店和雜貨商店也集中分布。

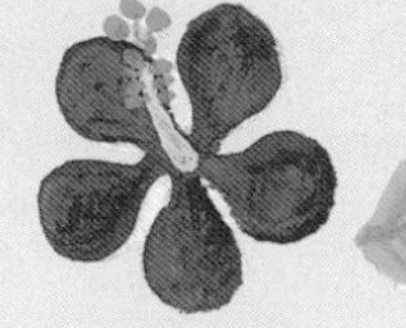

那霸機場

無人不知的沖繩縣中心地區

那霸・首里

沖繩本島的繁華街。以國際通り為中心，餐飲店與伴手禮店相當密集。晚上也很熱鬧。不妨也嘗試參訪首里城等能感受到歷史感的場所。

聖地與絕景咖啡廳巡禮

南部

曾是沖繩戰役激戰區的南部地區。現今予人的印象卻是甘蔗田遍布的恬靜風景。可俯瞰海景的咖啡廳為數不少，回程不妨順道一訪沖繩最大的聖地・斎場御嶽。

三天兩夜也能超滿足！享受沖繩的最棒方式。

3 Day Perfect Planning

大多數會停留三天的沖繩之旅，掌握訣竅就能深度暢遊。
面對幅員遼闊的沖繩，依照區域統整規劃行程是最大的訣竅。

SEÑOR TACO（P.45）餅皮和醬汁都是手工自製。在地感十足的氛圍也令人難以抗拒。

Planning:

Day1

11:00 大快朵頤吃盡榜上有名的B級美食 →P.44

14:00 港川外人住宅2H定勝負 →P.84

14:00 以南洋風水果飲料輕鬆補充維他命 →P.90

15:00 想要盡情徜徉於東南植物樂園的綠之海 →P.102

17:00 想要如何度過日落時分？ →P.114

18:00 沖繩料理＝うりずん為必嚐首選 →P.124

22:00 飲酒之後的完美收尾，果然非牛排莫屬 →P.148

“第一天不捨近求遠，而是選擇被能充分感受「沖繩氛圍」的事物所圍繞”

對於不能完整玩上一天的首日來說，一開始就安排遠行並非上上之策。先進攻距離較近的那霸～中部地區吧！首先可從品嚐經典B級美食開始卯起勁來，再到港川外人住宅逛逛一家又一家的個性派店家。傍晚再前往北谷的海邊朝著夕陽奔跑。儘管位於街中，卻滿溢著熱帶風情。晚餐的琉球料理也相當令人難忘。

北谷Depot Island靠海一側，聚集了不少時髦咖啡廳。在日落之前有時間的話，可以來這裡稍做歇息。

港川外人住宅裡有不少只在這裡才買得到的商品，像是古董雜貨或是天然酵母麵包等。

能夠從南國植物中感受到朝氣能量的東南植物樂園（P.102），彷彿置身於日本以外的國度。

MEMO @ Day 1

☑ **依抵達時間規畫，首日的行動指南**

就算是一大早就抵達，等到辦完租車的手續之後，時間也飛逝到了早午餐時間。如果是傍晚才抵達，先投宿在那霸市內比較好。可以在國際通り和第一牧志公設市場享受美食和購物。

☑ **按照天氣變化，有彈性地變更計畫！**

冬天或是梅雨季的時候，可以預先準備雨天的備案行程，萬一遇到壞天氣時也能玩得盡興。購買伴手禮的話，推薦AEON mall Okinawa Rycom，體驗類活動的話，推薦琉球玻璃村之類的室內型活動。（P.39）

Planning:

Day2

“第二天可以盡情出發至遠方。在不需要語言的湛藍海洋和深山之中讓身心回歸至初始起點”

第二天一口氣朝向北方，出發！不論是有著沖繩美麗海水族館的本部半島或是山原地區，沖繩本島越往北上越留有原始自然風貌。置身於鮮豔奪目的大自然色彩之中，便感覺體內的疲累漸漸地向外排出而獲得療癒。如果想徹底得到放鬆的話，也可以到奢華一點的飯店。不住宿也可以在飯店內享受SPA或沙龍，度過非日常的療癒時光。

08:00 備瀨福木林道→離島巡禮時機一大早最好 →P.20

12:00 必須邊吃邊比較。沖繩麵的傳統派與革新派 →P.50

13:00 邁向光是待著就能感到幸福的天然海灘 →P.54

08:00-17:00 想來趟放鬆之旅，就要徹底活用飯店 →P.104

18:00 樂趣無窮的沖繩超市探險 →P.126

19:00 Q.想知道關於恩納夜晚的正確解答 →P.130

00:00-23:59 SEA SIDE DRIVE-IN萬能論 →P.152

MEMO @ Day 2

☑ 想嘗試戶外活動的話可在第二天

在天然的海灘悠悠哉哉地度過也很不錯，但如果想要嘗試水肺潛水或水上拖曳傘等戶外活動，可選擇沒有搭飛機移動的這天。

☑ 大自然＝不應追求方便

雖然山原和本部半島地區的超商有增加的趨勢，但比起什麼都很容易買到的那霸，還是不太一樣。最好事先確認用餐地點和能買到水的地方。

長濱海灘旁邊的赤墓海灘（MAP P.176）也是天然海灘。當地海洋特有的「今歸仁藍」相當奪目耀眼。

在cafe 森のテラス（P.71），享用完餐點後，還可在寬廣的園內享受散步之樂。

Rose Garden（P.28）可品嚐到經典美式早餐。班尼迪克蛋則是必吃餐點。

Planning:

Day3

“最後一天前往南部。進行聖地和絕景咖啡廳巡禮，不浪費到機場之前的一分一秒”

不論最後一天是坐幾點的飛機，都能暢遊南部地區。在去過世界遺產的斎場御嶽或是鮮為人知的能量景點之後，再到海景咖啡廳飽覽沖繩的海洋。雖然伴手禮的購物行程並不想隨便了事，但考慮到容易塞車的交通，還是盡早確認機場周邊「飽覽沖繩的景點」！

06:00	一邊沐浴朝陽，一邊用海灘瑜珈啟動身體開關！	→P.16
09:00	斎場御嶽＋南部巡禮的時間中午之前為佳	→P.26
09:00	早餐應享用的美味餐點就在這裡	→P.28
11:00	在あんまー食堂享用溫馨的午餐	→P.46
	Green Cafe	→P.70
16:00	盡全力玩到踏上歸途前一刻的方法	→P.110
17:00	FOOD伴手禮，當然要夠可愛又夠好吃	→P.112

MEMO @ Day 3

☑ **採收沖繩的水果＆蔬菜**

5～8月盛產芒果、冬天產香檬，蔬菜則是紅鳳菜（長命草）等，季節水果可以擺在最後一天再採。只是還請特別留意，紅番薯等番薯類的農作物，不可以帶離沖繩縣。

☑ **逛烘焙店也是最後一天的重頭戲**

觀察烘焙程度不斷提高的沖繩烘焙業狀況也是最後一天的任務。在家品嚐這當天出爐的麵包，藉以重溫沖繩的餘味。

在食堂和阿姨做最後的打招呼。海洋食堂（P.31）離機場很近，所以最後也能享用沖繩料理。

如果你不喜歡了無新意的伴手禮，推薦到第一牧志公設市場旁的Okinawa Grocery（P.113）選購。

Okinawa the best time

IN THE

Morning

06:00 - 11:00

在沖繩，早起並不是「早起的鳥兒有蟲吃」。在寧靜的海灘上，邊沐浴著朝陽邊做著瑜珈，或是在白天提早前往容易人擠人的觀光景點，獨占美景，甚至是來趟遠行，飽覽大自然。來開啟、度過美好一天的早晨時光吧！

早晨在人煙稀少的21世紀森林海灘
裡做著海灘瑜珈（P.17）。一邊感
受海風輕拂，一邊聆聽海浪聲，以
平靜的心情等待日出。

Best time!

06:00

在鄰近的海邊，上一堂保有隱私的課程。

一邊沐浴朝陽，
一邊用海灘瑜珈啟動身體開關！

IN THE **Morning** (06:00-11:00)

★★★ 追加200日圓即可租借瑜珈墊，所以也可空手參加。兩人以上即可報名，所以也能保有隱私。

踩在清涼的沙灘上 感受大地

若想展開美好的一天，就要在其他人都還在睡夢中的黎明拂曉之前起床。即便是四季如夏的島嶼・沖繩，在這時間點也是被清爽沁涼的空氣包圍，能讓因不習慣早起而尚未清醒的腦袋也為之一振。

平常都習慣晚睡，跟健康作息沾不上邊的人，更是務必要趁此機會好好體驗，在這個世界上最美麗的沖繩所進行的海灘瑜珈。（話是這麼說，但我其實也是晚睡一族的成員之一……）

脫去鞋子和襪子的束縛，將沙子確實踩在腳掌底下，擺出一個一個的姿勢。一邊以身體的五感來感受海風的味道和海浪的聲音，將注意力集中在呼吸上，並心無雜念……。等到旭日東昇，為這世界渲染上莊嚴色彩，望著那充滿生命力的天空時，不只身體得到舒展，應該就連心靈也能得以放鬆才對。

在沖繩本島共有10個海灘有開課，供大家挑選，可以選擇離住宿飯店最近的海灘。在享用早餐之前就會結束，所以能更有意義地運用一天，再加上還能排除體內毒素、重新啟動，絕對能好好地過上愉快的一天。

〔海灘瑜珈課程的地點〕

アンチ浜（瀨底島）
21世紀の森ビーチ
名護市民ビーチ
ナビービーチ
残波ビーチ
渡具知ビーチ
アラハビーチ
瀨長ビーチ（瀨長島）
新原ビーチ
具志頭ビーチ

沖縄ビーチヨガ（海灘瑜珈）

おきなわビーチヨガ

清晨的舒適感令人不由自主地深呼吸

夏季約6點、冬季約7點在海浪拍打的岸邊集合做瑜珈。開始有點微暗，但隨時間流逝而漸次渲染陽光的天空景色才是壓軸。

☎無 🏠於沖繩縣內10個海灘開課（於HP確認再預約）🕒6:00~7:00左右開始進行1小時（依季節而異）🔒無休假 ¥1人2000日圓（2名以上開課）
URL beach-yoga.net

Best time!

06:00-08:00

沖繩的早上意外地晚！

在早餐的聖地．北谷進行早晨活動

常見的早餐難民！到北谷享用一早的咖啡早餐

逗留在沖繩期間，有個意外的窘境，就是從早上就開始營業的店家超級少！要想有意義地度過為期不長的旅程，最好事先就確保幾個一大早就開始營業的店家名單。「為了從一大早就去乘浪的衝浪客」而於早上6點就提供澳洲風格早餐的GOOD DAY COFFEE，或是從7點開始提供十分講究的早餐、而且還是日圓銅板價位的AIEN Coffee and Hostel等等，北谷於焉成為清晨覓食早餐的聖地。不妨在這些能讓你心情愉悅地展開一天的高品味咖啡廳裡，迎接早晨時光吧！

GOOD DAY COFFEE

グッド デイ コーヒー

用澳洲風格來充實早晨時光

身為店主的宮里先生，將自己在澳洲所深刻感受到的咖啡文化，如實搬到衝浪者很多的北谷。能夠充分品嚐到咖啡豆個性的淺焙咖啡，將帶來精采的早晨時光。

中部 MAP P.172 D-1 ☎090-4470-1173 北谷川町浜川178-1 6:00～15:00 週一 從沖繩南IC出發約5km Ⓟ有

1 因地利而來的外國客人也不少。 2 將外人住宅重新裝潢的店鋪。外帶也OK。 3 也有在此悠哉度過早晨才去工作的在地人。

Open
06:00-
沖繩最早營業的早餐店
GOOD DAY COFFEE
GOOD DAY BREAKY 630日圓、法式吐司580日圓、咖啡牛奶450日圓。

★★★ GOOD DAY COFFEE的咖啡是在濃縮咖啡裡面加入熱水的「Long black」。可嚐到恰到好處的酸味和個性豐富的風味

Open
07:00-
步行數分鐘即可抵達海邊。這裡是旅人的基地
AIEN Coffee and Hostel

這裡也是Hostel的訪客或在地人的交流場所。

早餐到11點為止都可點餐。AIEN拼盤附咖啡500日圓。

AIEN Coffee and Hostel

アイエンコーヒーアンドホステル

日圓銅板價就能吃到道地早餐

Hostel所附設的咖啡廳。將不可思議的邂逅之意的「合緣奇緣」作為命名概念。與當地居民或訪客之間的交流令人期待。

中部 MAP P.172 D-1 ☎098-989-1430 🏠北谷町港6-9 ⏲7:00～23:00（L.O.22:00）🔒無休假 🚗從沖繩南IC出發約5km Ⓟ有

1 2 以咖啡為契機，提供當地居民與訪客之間的交流場所。 3 在盛夏的沖繩享受富含果香的冰咖啡。

北谷MORNING LIST

Open 08:00-

VONGO & ANCHOR

ボンゴ アンド アンカー

邊欣賞海景邊享用道地咖啡

坐落於海岸，裝潢布置的古董令人感到愜意放鬆。請務必一嚐單一產地（single origin）咖啡。

→P.78

Open 08:00-

THE CALIF KITCHEN OKINAWA

ザ カリフ キッチン オキナワ

在寬敞的露台獨占絕美海景

位於海岸邊大樓的最高樓層，能夠飽覽海景。令人聯想到美國西岸的裝潢也十分的棒。

→P.68

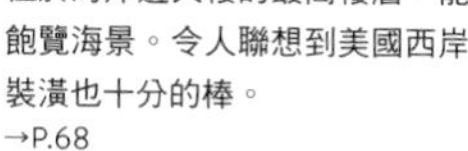

Best time!

08:00

受歡迎的景點，在團客蜂擁而至就先GO！

備瀨福木林道→離島巡禮時機一大早最好

現在變成一大觀光景點的福木林道或古宇利島，中午前的人潮眾多。一大早先來享受散步的樂趣吧！

自行車出租
早上7點開始營業
林道的對面是
極其美麗的海灘！
林道內雖然店數不
多但也有用餐地點
在備瀨崎折返
沿著海岸騎回去

在早晨寧靜的林道中騎自行車閒晃

約兩萬棵的林木，作為防風林守護這個村落。在據說可以招福的福木林道中，於樹葉間隙所灑落的陽光下，恬靜地騎著自行車。

個性化店舖櫛比鱗次！到もとぶ町營市場探險

動身前往雖然懷舊卻仍十分活躍的市場。有很多很棒的店舖，也能體驗到市場特有的醍醐味。

Ⓒ 自家焙煎珈琲みちくさ

店家自行細心烘焙的咖啡，相當適合漫步市場途中稍作小憩時品嚐。咖啡香飄溢市場中。

Ⓑ 島しまかいしゃ

做成沖繩動物或花朵圖樣的可愛動物毛氈小雜貨，各有各的特色，所以挑選起來也很有樂趣。

1 2 沖繩特色圖樣的動物毛氈小雜貨1000日圓～

★只有備瀨福木林道停車場旁的林道自行車出租（並木レンタサイクル）是8點左右開始營業，可多加利用。1台300日圓～

喜歡哪一座島呢？

瀨底島 or 古宇利島

SESOKO

在擁有超群透明度的瀨底海灘邊放空神遊

珊瑚沙的沙灘和一望無際的透明海水，美到會讓人不自禁地忘卻時間放空眺望。因為淺灘的關係，也很適合浮潛。

在悠閒恬靜的島嶼上享用道地的島國馬卡龍

身兼甜點師的法國人老闆，活用當地盛產的沖繩芭蕉、百香果和泡盛等食材製作而成的馬卡龍售價150日圓。在這間由老民房所整建的咖啡廳裡歇息品嚐吧。

關注「向兩側延伸的蔚藍美景！」的古宇利大橋

一邊眺望兩側顏色湛藍的大海，一邊橫渡總長達1960m的大橋，就能抵達古宇利島。屋我地島一側的橋邊還設有眺望空間。

感到飢餓之時享用夏威夷式午餐

可愛插畫為標誌的行動餐車。可以在這買到1000日圓起的大蒜蝦。

事前調味使用了當地的泡盛

人潮尚未湧現的清早到戀人聖地巡禮

因廣告而變得相當出名的心型岩（Heart Rock）。中午時分的人潮多到像是搭遊覽車蜂擁而至的程度，但若是一大早的話也許能夠獨占。

KOURI

Ⓐ備瀬のフクギ並木 びせのフクギなみき MAP P.177 C-2 ☎0980-48-2371（備瀬区事務所）本部町備瀬 自由到訪 從許田IC出發約31km Ⓟ有 Ⓑ島しまかいしゃ しましまかいしゃ MAP P.177 C-3 ☎090-3794-8267 本部町渡久地4 本部町営市場内 11:00左右～18:00左右 不定期休假 從許田IC出發約24km Ⓟ有 Ⓒ自家焙煎珈琲みちくさ じかばいせんこーひーみちくさみちくさ MAP P.177 C-3 ☎0980-47-6966 本部町渡久地4 本部町営市場内 10:00～18:00 不定期休假（於Facebook告知）從許田IC出發約24km Ⓟ有 Ⓓ瀬底ビーチ せそこビーチ MAP P.177 C-3 ☎0980-47-7000 本部町瀬底5583-1 9:00～17:00（7～9月至17:30）天候不佳即休假 從許田IC出發約25km Ⓟ有（收費） ⒺRingo Café リンゴカフェ MAP P.177 C-3 ☎0980-47-6377 本部町瀬底279 10:00～17:00（售完即提早關店）週一・週二 從許田IC出發約25km Ⓟ有 ⒻKOURI SHRIMP コウリシュリンプ MAP P.176 E-2 ☎0980-56-1242 今帰仁村古宇利436-1 11:00～18:00 不定期休假 許田IC出發約24km Ⓟ有 Ⓖティーヌ浜 ティーヌはま MAP P.176 E-2 今帰仁村古宇利 ¥免費 從許田IC出發約31km Ⓟ有（收費）

08:30 沖繩美麗海水族館，趁早入館

巨大的水槽「黑潮之海」，可以從上到下用各種角度眺望。

早起的鳥有蟲吃！來趟寧靜的散步

正因為是沖繩縣內首屈一指的觀光景點，所以才更想要在比較沒人的時間帶好好地逗留。沖繩美麗海水族館在夏季或平時都是8點30分開館。快中午的時候開始人潮湧現，所以將目標放在剛開館的兩小時內。

此外，一大早的時候水槽裡的水也很乾淨。晴天時所照射進來的陽光，可以捕捉到美麗的海中世界。

複數的鯨鯊和鬼蝠魟優游於其中的「黑潮之海」自不在話下，我個人則是鍾情於「珊瑚之海」。看著顏色光燦如寶石般的熱帶魚，優雅地在水槽附近游來游去的姿態，彷彿自己也一頭栽進海中世界。這是在晨光寧靜的水族館裡，才有的特別體驗。

包含オキちゃん劇場（海豚秀）在內，海洋博公園區裡有不少可以免費遊覽的景點。

★★★ 沒辦法一大早就前往的人，可以將目標放在傍晚16點～最後入館的「4點以後門票」。比正常票價便宜30%。

21
22
23
0

值得一看之處 **POINT**

01 **可欣賞與觸摸的寶貴體驗**
可以觸摸到生長在被珊瑚礁環繞的淺海（イノー）中的海星等生物。

02 **花費10年心血培育的珊瑚必看**
水槽培育了約70種類、多達800個群體的珊瑚，重現本部町海域的場景。

03 **約200種的熱帶魚優雅游於其中**
從淺灘到微暗的洞窟，都徹底重現的水槽。成群的四線笛鯛更是精采。

04 **人氣明星愛玩躲貓貓**
特徵是橘色魚身中帶有白條紋的小丑魚。經常都會躲起來，能目睹到的人都相當幸運。

05 **有住在珊瑚礁的稀有生物**
大小不一的30個水槽中，根據時間點更換展示的水中生物。也有可能會碰見稀有生物。

06 **奇特的視覺衝擊！**
只有腦袋瓜子從沙中探出來晃來晃去的花園鰻。那奇特的畫面相當引人注目。

07 **先GET咖啡廳特別指定席**
「黑潮之海」旁邊的咖啡廳。趁早的話，或許還能順利地找到好位置？

08 **從水上甲板窺看水槽**
黑潮探險（水上觀覽參觀路線）可以從正上方一窺「黑潮之海」。（至官網確認）

09 **如幻想般的幽暗世界**
黑暗之中反射紫外線而發亮的珊瑚，或身體一部分發光的魚，宛若海中星辰。

10 **以超乎預期的免費海豚秀做結尾**
オキちゃん劇場是水族館外的免費設施。（11點起，1天表演4～5場次）

沖縄美ら海水族館
おきなわちゅらうみすいぞくかん

美麗海水族館周邊 MAP P.177 C-2 ☎0980-48-3748 本部町石川424 3～9月 8:30～20:00、10～2月 8:30～18:30（入場時間至閉館前1小時）12月第一個週三及隔日 ¥1850日圓 從許田IC出發約27km Ⓟ有

前進紅樹林，
觀賞亞熱帶植物

離開河川
來到大海！

前往紅樹林的
深處再深處！

1 自慶佐次川的河口往上游前進。 2 大自然環繞的東村到處可見南國植物。 3 可以看到植物和生物。 4 6000日圓的紅樹林2個小時半路線，最後划向海邊。

山原氛圍的叢林巡航

搭著獨木舟感受於水面上晃蕩的舒適感

搭乘獨木舟漂浮於河川和海面上，彷彿滑行於水面地向前划出。用臉頰去感受那迎面拂來、令人舒暢且心情愉悅的風，光是這樣就神清氣爽地忍不住綻開笑靨。一左一右地持續划槳，開始展開一趟小冒險吧！

在沖繩所舉辦的獨木舟之旅，盡是能享受到平穩大海與河川的旅程。近距離觀望被紅樹林或是宛如海外秘境的蕨類植物所包圍的瀑布，不正是最適合親身體會沖繩深奧之處的行程嗎？（但若是預定要在那霸住宿的話，要留

やんばる・クラブ

飽覽沖繩本島最大的紅樹林！

在國家天然紀念物・紅樹林之中的獨木舟旅行團是沖繩最豪邁的體驗！因為是沐浴設備完善、備有導覽的迷你小團，所以女性或新手也可以安心參加。

山原 MAP P.178 D-4 ☎0980-43-2785 東村慶佐次155 ⏲8:00～17:00（客服時間～20:00）無休假 ¥2小時半路線6000日圓 從許田IC出發約27km Ⓟ有
URL www.yanbaru-club.com

★★★ やんばる・クラブ的獨木舟，於退潮時無法進行，所以每日開始的時間會隨著漲退潮而改變。詳情請見HP或致電詢問。

向著被蕨類植物所環繞
叢林深處的瀑布前進
1

1 冬季水位會下降，可享受到岩石的景色。 2 4 進入支流以後，景色倏然改變。筆筒樹讓人聯想到太古世界。 3 在瀑布下享受清涼。

Best time!

09:00

於水面滑行般地划槳！前進能夠充分感受

意往返所需時間。）

在沖繩本島擁有最大遼闊紅樹林的慶佐次川，可以觀察到山原的既有動植物，最後還能划向海邊，體驗到海上獨木舟的雙重樂趣。

在山原深處國頭村所舉行的獨木舟之旅，從廣闊的水庫湖面進入到蕨類植物茂盛的支流，最後再一邊沐浴著負離子，一邊於瀑布之下戲水。不論是哪一條路線都會給人留下身心舒暢的疲勞感，而隨著水面晃蕩的舒適感也應足以讓人忘卻日常生活中的壓力。

YambaruBlue

ヤンバルブルー

大人和小孩也都童心奮起！

在亞熱帶植物所環繞的水庫湖面划著獨木舟。夏季的話可以體驗長途巡航和玩水之樂。至於水位下降的冬季則是可以一起體驗溯溪，展開一段前往瀑布的探險之旅。

山原 MAP P.178 E-3 ☎090-6860-6080 国頭村 9:30～12:00、13:30～16:00兩梯次 不定期休假 ¥7500日圓 從許田IC出發約59km Ⓟ有 URL www.yambarublue.com 攜帶物品・服裝／濕掉也沒關係的服裝、帽子、可完整保護足部的運動鞋等、飲料

Best time!

09:00

想來這裡祈禱的話，果然還是早上最好。

斎場御嶽+南部巡禮的時間 中午之前為佳

流傳著許多和琉球神話相關傳說的南部地區。正因為是祈求祝禱的神聖場所，才更希望能以潔淨的心靈在一大早就到訪。

一早就先來探訪琉球王國最崇高的聖地・斎場御嶽

踏足在這流傳著開闢琉球之傳說，沖繩首屈一指的聖地，心靈會不可思議地沉靜下來，人也不由得挺直了腰桿。穿越過彷彿四處都有神靈寄宿的翠綠森林之後，前往位於巨大的三角岩石深處的參拜所「三庫理」。站在可以遠眺神之島・久高島的這個地方，靜下心來祈禱吧！

門票可於南城市地域物產館購得

第一個到達的參拜所・大庫理（うふぐーい）意為大會場。

意為廚房的寄滿（ゆいんち）是祈求五穀豐收之地

向著海的方向眺望久高島

Ⓐ 斎場御嶽

IN THE Morning (06:00-11:00)

★★★ 若想深度了解斎場御嶽，最推薦跟著導覽員一同巡禮。※週六、日、例假日限定導覽：費用300日圓，時間自9:30～，一天10梯次

6 7 8 9 10 11 12 13 14 15 16 17 18 19 20 21 22 23 0

Ⓑ カフェ風樹

雙重享受的
蛋糕套餐
850日圓

於景觀咖啡廳密集地，飽覽這數一數二的景色

出發前往擁有很多位處森林之中的戶外座位、能夠一覽大海的露天座位這類特等席的風樹咖啡廳。能夠遠眺東海岸的咖啡廳，中午前的海景更為美麗。

Ⓒ 新原ビーチ

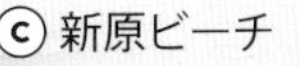

前往由岩石構築出特殊景色的海灘

坐擁長達2km長的白色沙灘的天然海灘。南部的海灘予人一種莫名的親切感。

Ⓓ ビン food+cafe'eju'

多麼可愛的
視覺效果♥

使用扶桑花等沖繩食材製作的果醬600日圓～

寬～敞庭院裡的自然風午餐

人氣店家ビンFood在atelier+shop COCOCO（P.101）園區裡，開了家咖啡廳。在此能享用到食材、調味料都很講究的咖啡廳簡餐。

Ⓔ 自然橋（ハナンダー）

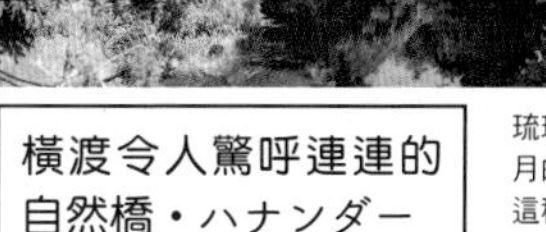

橫渡令人驚呼連連的自然橋・ハナンダー

琉球石灰岩在漫長歲月的侵蝕下，形成了這種形狀的天然橋。

Ⓕ ホロホローの森

ホロホローの森小跋涉之旅

持續前往具志頭海灘約60m的自然漫步路線。是被大白斑蝶等超過100種生物環繞的生命森林。

Ⓐ斎場御嶽 せーふぁうたき MAP P.168 F-4 ☎098-949-1899（緑の館・セーファ）🏠南城市知念久手堅539 ⏲9:00～17:15（最後販售門票）🔒不定期休假 ¥300日圓 🚗從南風原北IC出發約16km Ⓟ有 Ⓑカフェ風樹 カフェふうじゅ MAP P.168 E-2 ☎098-948-1800 🏠南城市玉城垣花8-1 ⏲11:30～18:00（L.O.17:00）🔒週二 🚗從南風原南IC出發約11km Ⓟ有 Ⓒ新原ビーチ みーばるビーチ MAP P.168 E-3 ☎098-948-1103（みーばるMarine center）🏠南城市玉城百名 ⏲9:00～18:00 🔒開放期間無休假（游水期間4～10月）🚗從南風原南IC出發約10km Ⓟ有（收費）Ⓓビン Food+cafe 'eju' ビンフードプラスカフェイージュ MAP P.168 D-3 ☎080-3977-2100 🏠南城市玉城富山124 ⏲11:00～16:00 🔒週日～週三 🚗從南風原南IC出發約7km Ⓟ有 Ⓔ自然橋（ハナンダー）しぜんばし（ハナンダー）MAP P.168 D-3 ☎098-998-2344（八重瀬町観光振興課）🏠八重瀬町具志頭346-1 ⏲ 🔒自由到訪 🚗從南風原南IC出發約8km Ⓟ無 Ⓕホロホローの森 ホロホローのもり MAP P.168 D-4 ☎098-998-2344（八重瀬町観光振興課）🏠八重瀬町具志頭668-3 ⏲ 🔒自由到訪 🚗從南風原南IC出發約8km Ⓟ無

Best time!

09:00

連早餐都能成為一個活動的三間優秀店家。

早餐應享用的美味餐點就在這裡

雖然飯店供應的Buffet吃到飽也不錯，但偶爾也想去比較有個性的早餐店。將目標鎖定在經典的班尼迪克蛋或琉球藥膳料理等等，讓一早醒來的時間充滿期待。

1. 彷彿置身美國的道地早餐

❶班尼迪克蛋1300日圓。❷瑪麗亞奶奶的早餐980日圓～❸店裡擺著玫瑰的圖樣。❹海外顧客佔了半數。❺在店內手作的司康。

Rose Garden

ローズ ガーデン

品嚐全部美國式的早餐

彷彿會開在鄉下城鎮裡的復古室內裝潢相當可愛。因地點位置之故海外顧客也很多，料理又全都是美式，所以會讓人忘了自己人在沖繩。

中部 MAP P.173 B-4
☎098-932-2800
北中城村屋宜原165-1
8:00～23:00（L.O.22:00）
無休假
從北中城IC出發約3km
Ⓟ有

★★★ Rose Garden的早餐至17點為止都可點餐。咖啡免費續杯！

包含苦菜（ニガナ）拌豆腐或長命菜沙拉等，使用多達50種沖繩本地藥草和食材製作出營養豐富料理的藥膳早餐3240日圓。

沖繩第一ホテル
おきなわだいいちホテル

為早餐而來的回頭客接二連三

創業60年以上的老字號飯店。585kcal、約20道料理，像這樣菜色豐富而又超健康的藥膳早餐十分受歡迎。非住宿者事先預約的話也能享用。

那覇 MAP P.181 B-2 ☎098-867-3116 ⌂那覇市牧志1-1-12 ◷8:00～11:30（8:00、9:00、10:00～一天三次）🔒無休假 🚗從單軌電車県庁前車站徒步約7分鐘 Ⓟ有

3. 彷彿不存在著那霸喧囂的庭院裡
享用自然風格的早餐

1 全蔬食班尼迪克蛋1500日圓。不使用雞蛋和乳製品！2 庭院中的露天座位旁有生長茂盛的沖繩香檬等南國植物。

Café にふぇ～ら
カフェ にふぇ～ら

只有早上才營業的全蔬食咖啡

像是擺上大量沖繩水果的巴西莓果碗（Açaí Bowl）等，店內菜單上有很多能夠飽餐一頓的蔬食餐點。在綠意盎然的露天座位上品嚐的話，更有南國氛圍。

那覇 MAP P.180 E-4 ☎098-868-8636 ⌂那覇市壺屋1-13-19ウィークリーマンション壺屋ガーデンハウス1F ◷8:00～10:00 🔒週六～週二（要確認）🚗從單軌電車牧志車站徒步約8分 Ⓟ要確認

Best time!
10:00-11:00

酒喝太多的隔天，就從熱騰騰的豆腐開始。

稍微晚一點吃的早餐就選擇清淡溫和的ゆし豆腐

宿醉的第二天早上。若能以ゆし豆腐的清淡溫和來暖胃

晚酌泡盛的隔天也不想被宿醉所擾。拯救我們的救世主正是「ゆし豆腐*」。用鰹魚和豬骨所熬煮出來的高湯，帶著清爽而濃郁的風味，再加上完全活用大豆風味的豆腐，讓胃一點一點地溫暖起來……。請不妨親自一嚐。

ゆし豆腐定食（中）700日圓，附有多汁的豬肉和蛋。ゆし豆腐則是有味噌和醬油風味可供選擇。

島ちゃん食堂
しまちゃんしょくどう

店門剛開不久是最佳光顧時機！

從婆婆店主那代開始，經營50年以上的豆腐店所開的食堂。務必來此品嚐一早開店後剛用店內深處爐灶做好的豆腐！其他像麻婆豆腐等豆腐料理也全都很美味。

那覇 MAP P.171 B-4
☎098-832-1233
那覇市与儀2-3-12
11:30～16:30（售完即提早關店）週三・週日、例假日 從單軌電車壺川車站徒步約20分鐘 Ⓟ有

*ゆし豆腐：以海水取代鹽滷加進沸騰前的豆漿中，省略掉置於模具凝固成型的步驟後，可直接品嚐的滑嫩豆腐。

自製ゆし豆腐定食650日圓。加入特製味噌或辣椒（コーレーグース）享受不同風味！

家庭料理の店まんじゅまい
かていりょうりのみせ まんじゅまい

菜單選擇多樣的沖繩料理食堂

從沖繩麵到咖哩，菜單上竟高達70多道料理！不用鹽滷而是改只以海水製作的ゆし豆腐極為美味。

那覇 MAP P.181 A-3
☎098-867-2771 那覇市久茂地3-9-23 11:00～22:00
不定期休假 從單軌電車県庁前車站徒步約3分鐘 Ⓟ無

ゆし豆腐麵（大）620日圓。使用波浪狀的平打麵條，擺上滷豬軟骨。

高江洲そば
たかえすそば

波浪狀平打麵條×鹽味湯底

風味濃醇的ゆし豆腐麵是這裡的招牌菜。清爽卻不膩的豚骨湯底能溫和地滲透到尚在沉睡中的身體裡。

中部 MAP P.171 C-1
☎098-878-4201 浦添市伊祖3-36-1 10:00～18:00（售完即提早關店）週日
從西原IC出發約4km Ⓟ有

★★★ 島ちゃん食堂裡的豆腐店也有進行販售。要去機場之前順道買回去或許也不錯！

1 擺上東坡肉和半熟蛋的ゆし豆腐麵700日圓。 2 將豆腐用高湯燉煮的燉豆腐料理（豆腐ンブサー）700日圓。 3 離機場近所以也可抵達沖繩後直接到這裡。

海洋食堂

かいようしょくどう

直接感受黃豆風味

原本是豆腐店，現在也每天早上自製當天要用的豆腐。媳婦正努力地從老闆娘那裡承接店內的料理食譜。

南部 MAP P.169 B-1
☎098-850-2443 🏠豊見城市嘉地192-10 ⏲10:00～19:30 🔒週日 🚗從那覇機場出發約6km Ⓟ有

Best time!

10:00

非常有特地一訪的價值。（斷言）

追求「慶良間藍」到渡嘉敷島進行1日輕旅行

為無邊無際的湛藍海中世界所驚艷不已

被指定為國立公園的慶良間諸島。在這個從那霸泊港出發只要35分鐘即可抵達的地方，有著被譽為世界第一的海域。可以斬釘截鐵地說出「絕對有特地到此一訪的價值！」的慶良間諸島・渡嘉敷島的海域，以此為目標來趟當天來回的旅程吧！

由大大小小20個島嶼所組成的群島之中，渡嘉敷島是最大，在幾乎被森林所覆蓋的沖繩也是相當珍貴的島嶼。抵達之後，首先就先直接前往海邊。在渡嘉志久海灘或是阿波連海灘，雖然可藉由浮潛一圓親眼目睹多種熱帶魚之願，但最能體驗海中世界的精髓所在的果然還是水肺潛水。畢生難忘的景色，將在此處為之延伸擴展。

從泊港搭乘渡輪70分鐘，若搭乘高速船則35分鐘就能抵達。

Ⓐ 渡嘉志久ビーチ

自港口出發越過山林，朝著棲息著海龜的渡嘉志久海灘前進。寧靜且鮮為人知的私房景點海灘，有著令人驚豔的透明度！若想進行浮潛的話，絕對是最佳景點。

Ⓑ『abisso』

用產自島上的海鮮或蔬菜烹調成的咖哩等美食，先飽餐一頓。

Ⓒ 阿波連ビーチ

午餐之後將場景移到海邊。沿著海浪拍擊的岸邊珊瑚礁向外延伸。

Ⓓ 阿波連園地

租車移動的話，可以前進島的南端。這是看日出和觀日落絕佳景點。

Ⓔ 島産品の店 島むん

回去之前在港口內的等候區內購買島上所產的果醬等伴手禮。

在慶良間最適合海中散步

Ⓕ シーフレンド（Sea Friend）

都特地到訪慶良間諸島了，不妨潛水到海中世界散步。熟知慶良間海域的專業指導員會親切地給予指導，所以初學者也能安心。

渡嘉敷島

とかしきじま

MAP P.179 ☎098-987-2333（渡嘉敷島村商工観光課）、098-868-7541（渡嘉敷村船舶課 那覇連絡事務所）🏠渡嘉敷村 🚗從泊港搭乘渡輪（フェリーとかしき）約1小時10分鐘／1660日圓（單趟），搭乘高速船（マリンライナー とかしき）約35分鐘／2490日圓（單趟）

Ⓐ渡嘉久志ビーチ とかしくビーチ MAP P.179 B-2 ☎098-987-2333（渡嘉敷村商工観光課）🏠渡嘉敷村渡嘉敷 ⏲自由游泳 🚗從渡嘉敷港出發約3km Ⓟ有 Ⓑレストラン『abisso』 レストラン「アビッソ」 MAP P.179 B-2 ☎098-987-3477 🏠渡嘉敷村阿波連103 ケラマテラス ⏲12:00～14:30 🔒無休假 🚗從渡嘉敷港出發約5km Ⓟ有 Ⓒ阿波連ビーチ あはれんビーチ MAP P.179 B-2 ☎098-987-2333（渡嘉敷村商工観光課）🏠渡嘉敷村阿波連 ⏲自由游泳 🚗從渡嘉敷港出發約5km Ⓟ有 Ⓓ阿波連園地 あはれんえんち MAP P.179 B-2 ☎098-987-2333（渡嘉敷村商工観光課）🏠渡嘉敷村阿波連 ⏲自由到訪 🚗從渡嘉敷港出發約8km Ⓟ有 Ⓔ島産品の店 島むん しまさんひんのみせ しまむん MAP P.179 B-1 ☎098-987-3308 🏠渡嘉敷村渡嘉敷港旅客ターミナル内 ⏲9:00～10:00、14:30～17:00（僅在有航班的時間帶營業，航班停開則休息）🔒不定期休假 🚗渡嘉敷港附近即可抵達 Ⓟ有 Ⓕシーフレンド MAP P.179 B-2 ☎098-987-2836 🏠渡嘉敷村阿波連155 ⏲8:00～20:00 🔒無休假 🚗從渡嘉敷港出發約5km Ⓟ有

★★★ シーフレンド船潛體驗的水肺潛水導覽團為少人數制。導覽團職員全員都領有指導員和潛水員執照，所以可以放心。

6
7
8
9
10
11
12
13
14
15
16
17
18
19
20
21
22
23

數種珊瑚和魚類所棲息的慶
良間海域彷彿另一個世界。
一生必看一次的美麗景色！

Best time!
10:00

除了能量景點和海之外，還有美食。
愉快的跳島之旅！
出發兜風去

位於東海岸旁的4個小島。開著車子，在充滿神聖的靈地與絕美景色，以及地區美食的島上走走吧。

Ⓐ 海の駅 あやはし館

在あやはし館飽覽360度海景

置身於海中道路正中央的海之驛站裡，可以大口吃著天婦羅，也可以從觀景台遠眺海景。

Ⓑ シルミチュー

前往整個島嶼都是能量景點的濱比嘉島

在這被亞熱帶植物環繞的階梯前方，是開闢琉球的男女神祇所棲居的洞穴。到此神聖場所求子的人們也不在少數。

IN THE Morning (06:00-11:00)

Ⓒ アマミチュー

祭祀著開闢琉球的阿摩美久、志仁禮久。

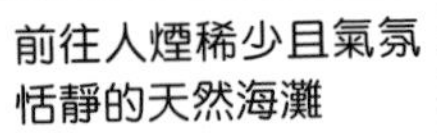

前往人煙稀少且氣氛恬靜的天然海灘

濱比嘉島的ムルク沙灘是有著洗手間、淋浴間的隱密沙灘。到海邊為止的道路很狹窄，請留意。

Ⓓ ムルク浜

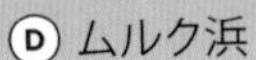

Ⓔ 丸吉食品

順路一訪充滿地方特色的景點

用店主自己捕獲的三疣梭子蟹和水雲所製成的天婦羅400日圓，螃蟹風味濃郁鮮美！在食堂裡面還能品嚐到輕食小點。

大口品嚐現炸美味！

★★★ 橫跨平安座島的海中道路周邊都是淺灘，若想一邊旅行一邊眺望海景，請選擇漲潮的時候。

MIYAGIJIMA
大～熱天的鹽分補給!?

Ⓖ 果報バンタ

隱藏在ぬちまーす園區內的出色景點！

從沖繩方言中意為「幸福海岬」的海岬眺望太平洋！從高岡的峭壁上遠望的話，也許真的能夠成為「幸福者」（果報者）。

Ⓕ ぬちまーす

來支富含礦物質的鹽味霜淇淋中場休息

在僅使用宮城島太平洋一側的海水來製作ぬちまーす（命之鹽）的命御庭製鹽工廠中，品嚐鹽味霜淇淋500日圓。

跨越大紅色的伊計大橋，前進伊計島

跳島之旅也迎來高潮。在這座擁有遼闊甘蔗田的小島，將目標鎖定小島的海邊。

Ⓗ 瑠庵＋島色

細細削下的冰花口感綿密～

用能夠感受島國風情的容器盛放淋上自製糖漿的刨冰

用陶藝家島袋克史先生所製作的專用容器，盛裝輕盈綿密的刨冰。豪邁地淋上充滿果肉的自製糖漿，即可大口享用！

IKEIJIMA

Ⓘ 大泊ビーチ

在海龜也造訪的海灘進行浮潛

這個擁有長達約600公尺沙灘的海邊，因為屬於內海而風平浪靜。肚子餓時可以到小茶館吃頓飯。

Ⓐ海の駅 あやはし館 うみのえき あやはしかん MAP P.172 E-4 ☎098-978-8830 🏠うるま市与那城屋平4 ⏲9:00～19:00（11～3月至18:00）🔒無休假 🚗從沖繩北IC出發約13km Ⓟ有 Ⓑシルミチュー MAP P.172 E-4 ☎098-923-7612（うるま市観光振興課）🏠うるま市勝連比嘉 🚗從沖繩北IC出發約21km Ⓟ無 Ⓒアマミチュー MAP P.172 E-4 ☎098-923-7612（うるま市観光振興課）🏠うるま市勝連比嘉 🚗從沖繩北IC出發約21km Ⓟ無 Ⓓムルク浜 ムルクはま MAP P.172 E-4 ☎098-923-7612（うるま市観光振興課）🏠うるま市勝連比嘉 🚗從沖繩北IC出發約21km Ⓟ有（收費） Ⓔ丸吉食品 まるよししょくひん MAP P.172 E-4 ☎098-977-7905 🏠うるま市勝連浜72-2 ⏲9:00～18:00 🔒無休假 🚗從沖繩北IC出發約21km Ⓟ無 Ⓕぬちまーす MAP P.172 F-3 ☎098-983-1140 🏠うるま市与那城宮城2768 ⏲9:00～17:30 🔒無休假 🚗從沖繩北IC出發約23km Ⓟ有 Ⓖ果報バンタ かふうバンタ MAP P.172 F-3 ☎098-983-1140（ぬちまーす観光製塩ファクトリー）🏠うるま市与那城宮城2768 ぬちまーす製塩工場敷地内 🚗從沖繩北IC出發約23km Ⓟ有 Ⓗ瑠庵＋島色 るあんプラスしまいろ→P.74 Ⓘ大泊ビーチ おおどまりビーチ MAP P.172 F-2 ☎098-977-8027 🏠うるま市与那城伊計1012 ⏲9:00～18:00（冬季至17:00）🚗從沖繩北IC出發約28Km Ⓟ有（收費）

這個檸檬會發揮
很棒的提味效果

MY BEST

NAHA BREAKFAST MAP

（那霸的早餐篇）

早餐快速吃過！但還是確實美味

如果是落腳在那霸平價飯店，通常都是不附早餐。就算如此也不要妥協不吃早餐！即便是在早餐店很少的那霸，也還是要確實地事先將目標鎖定好，早點起床去吃美味的早餐吧！

Ⓓ **oHacorté Bakery的砂糖檸檬麵包 1026日圓**

蛋塔專賣店[oHacorté]的姊妹店，這裡是結合飲食與生活的複合式咖啡廳。在剛烤好的麵包上面擠上檸檬汁再享用，以清爽的風味開啟美好早晨。

Ⓐ **さんご座キッチン的手工蛋糕組合700日圓**

位於街道上的電影院・桜坂劇場裡的個人風格開放式餐廳。不看電影也能進入店内用餐。每款蛋糕都是手工自製，有著溫馨且溫和的味道。偶爾來頓香甜的早餐也是不錯的選擇。

首里

Ⓑ

OKINAWA食材 X HAWAII STYLE

Ⓒ **C&C BREAKFAST OKINAWA的法式吐司水果特餐1512日圓**

以「在旅行目的地品嚐美味早餐」為宗旨，提供用沖繩食材自製的早餐。上面堆疊的水果多到幾乎看不到底下的法式吐司，看了直叫人開心！也供應巴西莓果碗720日圓。

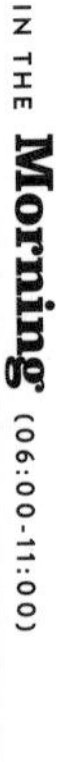

Ⓐ さんご座キッチン
さんござキッチン

那覇 MAP P.180 D-3 ☎098-860-9555 🏠那覇市牧志3-6-10桜坂劇場内 ⏲9:30～22:00（會依上映時間而變動）🔒無休假 🚗從單軌電車牧志車站徒步約5分鐘 Ⓟ無

Ⓑ ベトナムバイク屋台・CO'M NGON
ベトナムバイクやたいコムゴン

那覇 MAP P.180 E-5 ☎070-5815-8103 🏠那覇市壺屋1-34-8 ⏲8:00～15:00 🔒週二・週三 🚗從單軌電車安里車站徒步約9分鐘 Ⓟ有

Ⓒ C&C BREAKFAST OKINAWA
シーアンドシーブレックファストオキナワ

那覇 MAP P.181 C-3 ☎098-927-9295 🏠那覇市松尾2-9-6 ⏲9:00～14:00（週六・週日・例假日8:00～）🔒週二 🚗從單軌電車牧志車站徒步約10分鐘 Ⓟ無

Ⓓ oHacorté Bakery
オハコルテ ベーカリー

那覇 MAP P.181 A-5 ☎098-869-1830 🏠那覇市泉崎1-4-10 喜納ビル1F ⏲7:30～21:00 🔒不定期休假 🚗從單軌電車旭橋車站徒步約3分鐘 Ⓟ無

Ⓔ ON OFF YES NO
オン オフ イエス ノー

那覇 MAP P.180 D-5 ☎098-987-4143 🏠那覇市樋川2-1-23 ⏲7:00～17:00 🔒週一・週二（遇例假日則營業）🚗從那覇IC出發約4.5km Ⓟ有

Ⓕ Café にふぇ～ら
カフェ にふぇ～ら

→P.29

Ⓑ **ベトナムバイク屋台・CO'M NGON的越式三明治930日圓～**

沿著330號來到以色彩繽紛的大遮陽傘為標的，已經有段歷史的老民房內開業的越式三明治專售店。味道關鍵的蔥油、檸檬草油和麵包都是自製，美味的賞味期限是3分鐘之內！特辣豬肉番茄980日圓、雞肉蛋930日圓。

Ⓕ **Caféにふぇ～ら的巴西莓果碗1000日圓**

只有早餐時段有營業的壺屋隱密咖啡廳。純蔬食菜單為主，除了水果堆積如小山的巴西莓果碗之外，還有班尼迪克素食蛋（vegan eggs）1500日圓。

Ⓔ **ON OFF YES NO的冷壓蔬果汁800日圓**

只使用縣產無農藥蔬菜和水果來製作的冷壓蔬果汁專賣店。為進階者準備的深綠色蔬菜汁，能喝到苦瓜或長命菜等當令蔬菜的新鮮滋味。

沖繩 Tips & Memo

奔南赴北，偶爾也到離島走走看看。要想積極地展開行程，就要從一大早開始一天！

Island 1 day trip

前往離島的1 day Trip可依照目的選擇

沖繩本島周邊有幾個一小時內就可抵達的離島，各有各的特色。

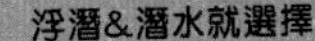

浮潛&潛水就選擇

阿嘉島

慶良間諸島 MAP P.179 A-1
☎098-987-2277（座間味村観光協会）
🏠座間味村阿嘉 🚗從泊港搭乘渡輪（フェリーざまみ）約1個小時半／2120日圓（單趟），搭乘高速船（クインざまみ）約50分鐘／3140日圓（單趟）

有很多不為人知的海灘，每一個都擁有世界上數一數二的透明度。特別是可游泳的北浜海灘，更是美到一生必訪一次。可以租借自行車或摩托車一個海灘逛過一個海灘的規模感也是魅力所在。

島上的石子與珊瑚請勿攜出島外
Kudakajima

在神聖的場所沉澱心靈

九高島

島嶼本身就是聖地的神之島。尋訪フボー御嶽或ハビャーン等地，心靈彷彿隨之得到淨化。通常是禁止進入的聖地，所以請帶著敬意參訪。

南部 MAP P.168 E-5 ☎098-835-8919（久高島振興会）🏠南城市知念久高 🚗從安座真港搭乘高速船約15分鐘／760日圓（單趟）

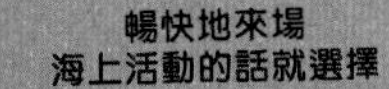

暢快地來場
海上活動的話就選擇

ナガンヌ島

可規畫自由行登島的無人島。在海邊享受海水浴也好，也很推薦可在海中漫步的Ocean Walk（收費）等活動！

慶良間諸島 MAP 本書P.38 ☎098-860-5860（株式会社とかしき）🏠渡嘉敷村前島（集合地點：那覇市泊3-14-2）⏲8:00～18:00 🚗從泊港搭乘快艇約20分鐘／4200日圓（7～9月為5800日圓）

前往只有白沙灘的迷你島嶼
Nagannu Tou

Rainy day

預備雨天的備用計畫

沖繩在5月初～6月中旬的梅雨季和1～2月前後，晴天機率低得令人惋惜。事先準備好在雨天也能樂在其中的腹案，行程安排也能順利進展。

☑推薦度過雨天的方式

如果也想快樂度過雨天，可以前往林カフェ。被雨水打濕的翠綠美景無論何時看來總是生機盎然。或是在飯店享受下午茶或逛超市也能讓心情為之一振。

☑大型的室內活動設施

- 沖繩美麗海水族館→P.23
- AEON MALL OKINAWA RYCOM MAP P.173 B-4
- 琉球玻璃村 MAP P.169 B-4
- 第一牧志公設市場→P.64

也有晴天裡的三大完全美景

真栄田岬
まえだみさき

西海岸度假區 MAP P.175 A-5 ☎098-982-5339（真栄田岬管理事務所）🏠恩納村真栄田469-1 ⏲7:00～18:30（依每個季節而異）🔒無休假 ¥免費 🚗從石川IC出發約7km Ⓟ有（收費）

残波岬
ざんぱみさき

西海岸度假區 MAP P.173 A-1 ☎098-958-3041（燈光波岬支所）🏠讀谷村宇座岬原1933 ⏲自由到訪（燈塔開放時間9:00～16:00，5～6月為9:30～16:30）※2018年8月底為止施工不開放 ¥燈塔參觀入場費200日圓 🚗從石川IC出發約14km Ⓟ有

万座毛
まんざもう

西海岸度假區 MAP P.175 B-3 ☎098-966-1280（恩納村商工觀光課）🏠恩納村恩納 ⏲自由到訪 🚗從屋嘉IC出發約6km Ⓟ有

History

前往悲傷卻又平靜的場所

若想觸及歷史可一路前往南部

1945年3月26日開始為期3個月的沖繩之戰。成為其最後戰地的南部地區，有數個能知曉戰爭之悲慘、和平之重要的地方。在這個縱然曾有過悲傷的歷史，卻飄盪著平靜氛圍的南部地區，為和平祈願吧！

平和祈念公園
へいわきねんこうえん

南部 MAP P.169 C-5 ☎098-997-2765 🏠糸滿市摩文仁444 ⏲8:00～22:00（依設施而異）🔒無休假 ¥自由到訪（資料館與祈念堂需收費）🚗豊見城IC約15km Ⓟ有

ひめゆりの塔・ひめゆり平和祈念資料館
ひめゆりのとう
ひめゆりへいわきねんしりょうかん

南部 MAP P.169 B-4 ☎098-997-2100 🏠糸滿市伊原671-1 ⏲9:00～17:00 🔒無休假 ¥資料館310日圓（ひめゆりの塔自由參觀）🚗從那霸機場出發約14km Ⓟ有

Do you know

你知道這些事嗎？

沖繩的陰天機率，意外地高。

提到沖繩，多半聯想起湛藍海洋、蔚藍天空，其實晴天機率以全國來說是吊車尾等級……。大家倒不如用「要是晴天就太幸運了」的精神來排行程。

敬請順應沖繩時間。

在沖繩有很多步調悠哉的人，也有人會赴約遲到。不過，這反過來說也稱得上是沖繩的魅力所在。請不妨放鬆緊繃的情緒，以「順其自然」的精神來接納吧！

⚠ CAUTION!

☑ 每家店早上幾乎都很晚才開始營業

食堂或是咖啡廳，這些飲食店的開店時間多為較晚的11點或12點。要是想著去哪都能吃早餐而一早7、8點就出門去覓食……當地也很少有店家這麼早營業，此點還請留意。

☑ 不過分地接近。神聖的御嶽之言

現今也仍在經手處理神職事務，為人們祈願祝禱的御嶽。因為並沒有神社一樣的建築，還請留意不要過度深入神域。不帶走御嶽裡的物品，並不忘傳達能夠進來參訪的謝意。

在今歸仁車站的それーの食堂（P.47）裡，能夠品嚐到當地媽媽親手烹調的美味。

Okinawa the best time

AROUND

Noon

11:00 - 14:00

午餐時光是沖繩美食的最佳勝負時刻。當地媽媽（あんまー）大展廚藝的懷舊食堂、B級美食或是沖繩麵，逐一品嚐比較，不論有幾個胃袋也都不夠用。懷抱著為美食奮戰的心情展開這趟遍嚐美食之旅吧！

前進BAKERY CAFE

味道和氣氛都是滿分一百分。

對使用天然酵母或沖繩縣產素材製作麵包的烘焙店來說，現在的沖繩就是寶庫。

POINT
先生負責烘焙麵包，妻子則是負責烹調佐搭的熟食或湯品。

1 3 4 矗立於森林之中。店內以綠葉垂吊燈飾裝飾。 2 附上熟食或起司的4種麵包，再加上湯品和蔬菜，一盤1200日圓。

パン屋水円

パンやすいえん

店家的驢子招牌迎接到來

使用自製天然酵母來做烘焙的水円麵包店，每款麵包都很簡樸，但是每一口、甚至是每一天的風味都會有微小的變化。由店主夫妻倆一起手工製作的麵包，還有這彷彿是出現在童話中的開店地點也相當地棒。

西海岸度假區 MAP P.173 A-2 ☎098-958-3239 讀谷村座喜味367 ⏰10:30～日落為止（麵包售完即提早休息）休週一～週三 🚗從石川IC出發約12km Ⓟ有

5 肉桂捲麵包220日圓。 6 無籽小葡萄乾和蘇丹娜葡萄乾的裸麥麵包250日圓。 7 僅使用麵粉、天然酵母、鹽與水的原味吐司740日圓。能夠襯托主食的簡單味道。

★★★ 天然酵母麵包的先驅．宗像堂，在其隔壁開立了「宗像發酵研究所」。不定期舉辦與發酵相關的研習會。

6
7
8
9
10
11
12
13
14
15
16
17
18
19
20
21
22
23
0

1
POINT
確實發酵好的麵團放入石窯裡烘烤，外皮酥鬆內層濕潤！
2

宗像堂
むなかたどう

沖繩的天然酵母麵包中領袖般的存在

分量紮實，越嚼越能品嚐到食材本身甜味的樸素麵包，近來擄獲了不少人的心。在咖啡廳裡吃麵包時，還可跟湯品和自創飲品一起品嚐。

中部 MAP P.170 D-1 ☎098-898-1529 宜野灣市嘉数1-20-2 ⏲10:00～18:00 週三 從西原IC出發約1km Ⓟ有

1 多款使用沖繩縣產食材的麵包。 2 將抵達時間鎖定在麵包出爐最齊全的11點左右。約陳列40～50種麵包。

1
2
POINT
托盤裡附上了島產蔬菜沙拉和蔬菜湯，能夠確實攝取蔬菜，非常推薦。

PLOGHMANS LUNCH BAKERY
プラウマンズ ランチ ベーカリー

建於山丘之上的烘焙咖啡廳

順著綠意盎然的階梯走上去，咖啡廳就在前方，坐落於能遠眺海洋的地理位置！夾有大量蔬菜的三明治外帶也OK。一早就營業這點也讓人覺得開心。

中部 MAP P.173 B-5 ☎098-979-9097 北中城村安谷屋927-2#1735 ⏲8:00～15:00 週日 從北中城IC出發約2km Ⓟ有

1 建物由屋齡50年的外人住宅改建。 2 加了魚露和檸檬的絕妙酸辣風味酪梨開放式三明治950日圓。

只有外帶回家

可供選擇的BAKERY

Pain de Kaito
パン ド カイト

融入日常生活中的麵包

不論是哪個麵包都有著道地美味卻又令人吃驚地合拍。

美麗海水族館周邊 MAP P.176 D-5 ☎0980-53-5256 名護市宇茂佐の森4-2-11 ⏲8:00～19:00 無休假 從許田IC出發約9km Ⓟ有

1 分量十足的茄汁燉雞肉風味280日圓。 2 紅薯焦糖150日圓。

ippe coppe
イッペ コッペ

每天都想吃到的吐司

天然酵母吐司專賣店。使用日本國產小麥等，每項都是安全食材。

中部 MAP P.170 F-3 ☎098-877-6189 浦添市港川2-16-1#26 ⏲12:30～18:30（售完即提早關店） 週二・週三、第三個週一 從西原IC出發約6km Ⓟ有

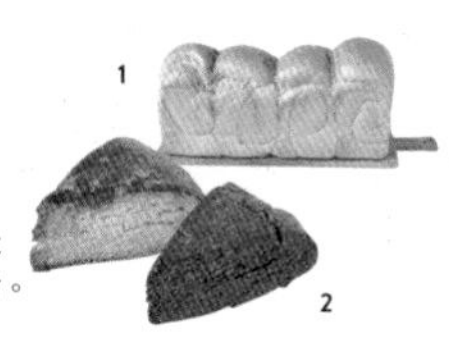

1 山型吐司1峰330日圓（約400g）。 2 紅番薯司康、香草與蜂蜜司康350日圓～

Best time! 11:00

這就是沖繩的標準。

大快朵頤吃盡榜上有名的B級美食

不知為何，在沖繩就是會湧現想吃吃平易近人的B級美食。在美食榜上「雖是B級，但味道卻是A級！」的美味料理，應該都要來嚐過一次。

SEÑOR TACO的塔可餅和辣醬玉米捲餅

複合型購物中心裡持續營業30年的塔可餅餐廳。擁有表層酥脆、內層Q彈特殊口感的特製塔可餅（1個216日圓）極為美味，淋上自製莎莎醬汁後大口塞進嘴裡，感覺就像是一下子來到了墨西哥！輕鬆自在的待客氣氛也大獲好評。

辣醬玉米捲餅（Enchilada）648日圓可嚐到餅皮的口感！

有名的塔可餅（Tacos）1個即可販售

A

無酒精碳酸飲料店內免費續杯！

A&W的無酒精碳酸飲料和The★A&W漢堡

在沖繩以「Ender（エンダー）」之名而為人所知的A&W，創立於1963年。可說是日本最早的速食店。The A&W漢堡650日圓，裡面夾著令人吃來大感滿足的洋蔥圈和黑糖胡椒豬肉。搭配該店特有的無酒精碳酸飲料一同品嚐。

Rooty®

奶油起司為整體大大提味

B

AROUND Noon (11:00-14:00)

★★★ 漁師町的奧武島有很多可以吃到新鮮海鮮的美食。也是天婦羅店的激戰區。

耗時2小時烘烤而成的幼雞之中……塞進了大量的蒜頭！

ブエノキッチン的Bueno Chicken（1隻）

自1982年創業以來，菜單就一直只有烤全雞1600日圓，非常地簡潔有力。將清晨處理好的山原嫩雞，放進以醋為基底的醬汁裡醃漬，之後再慢火烤熟。在雞腹腔裡面塞入大量的蒜頭，絕對能夠誘發食欲。

C

中本てんぷら店的天婦羅

沖繩縣民視為點心食用的天婦羅。從本島坐車就可到達奧武島的中本てんぷら店，可以品嚐到現炸好的天婦羅。每個都約65日圓相當便宜！

キングタコス的起司蔬菜塔可飯

塔可飯（Taco Rice）起始店「パーラー千里」的創業者們所經營的老店，一般稱其為「キンタコ」。分量感十足的起司蔬菜塔可餅飯700日圓相當有人氣，週末有很多為此慕名而來的客人。

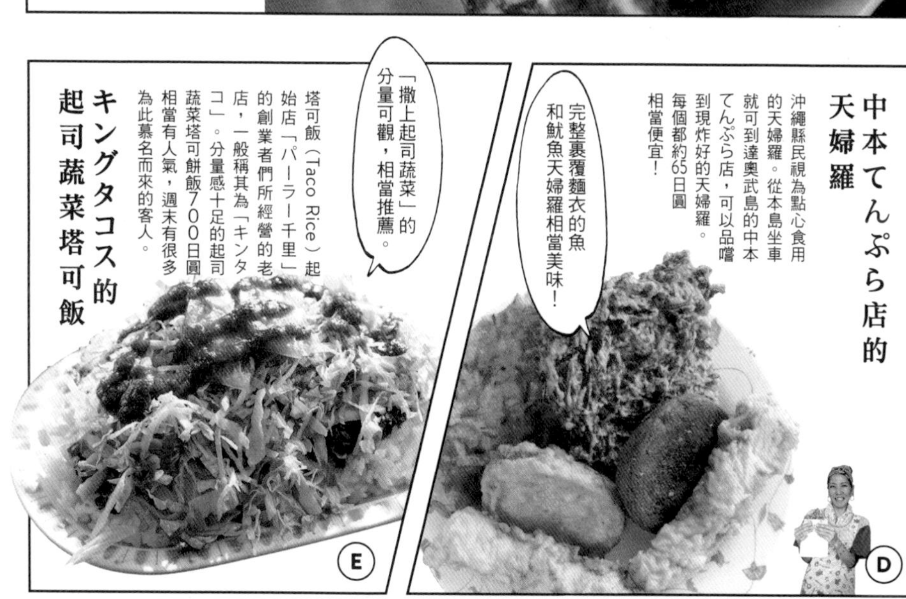

完整裹覆麵衣的魚和魷魚天婦羅相當美味！
「撒上起司蔬菜」的分量可觀，相當推薦。
E
D

餅皮和醬汁全～部都是自製！

Ⓐ SEÑOR TACO
セニョールターコ

中部 MAP P.173 B-4 ☎098-933-9694 沖繩市久保田3-1-6 プラザハウスショッピングセンター1F 10:00～22:00 無休假 從北中城IC出發約4km Ⓟ有

捲捲薯條(Curly Fries)也不容錯過！

Ⓑ A&W 牧港店
エイアンドダブリュ まきみなとてん

中部 MAP P.171 C-1 ☎098-876-6081 浦添市牧港4-9-1 24小時 無休假 從西原IC出發約4km Ⓟ有

柔嫩幼雞和蒜頭的夢幻搭檔

Ⓒ ブエノキッチン

中部 MAP P.171 C-2 ☎098-876-0452 浦添市內間1-14-2 11:00～20:00 週一 從單軌電車古島車站徒步約15分鐘 Ⓟ有

就算大排長龍也想要吃到！

Ⓓ 中本てんぷら店
なかもと てんぷらてん

→P.119

跟King之名相符的塔可餅飯創始店

Ⓔ キングタコス金武本店
キングタコス きんほんてん

中部 MAP P.174 D-5 ☎090-1947-1684 金武町金武4244-4 10:30～隔天0:00 無休假 從金武IC出發約3km Ⓟ有

Best time!

11:00 正因為媽媽（あんまー）朝氣蓬勃地充滿幹勁，所以才這麼好吃。在あんまー食堂享用溫馨的午餐

沖繩美食的魅力就在あんまー食堂裡。海鮮料理最為拿手的南部媽媽、使用山原的野生蔬菜製作料理的媽媽，有多少間食堂就有多少個性存在。

1 什錦炒魷魚700日圓、炒飯500日圓，每道都簡單而美味。 2 守護傳承自母親的味道，獨自一人打理這家店。 3 年代久遠的外觀，容易不小心就錯過此處。

南国食堂

なんごくしょくどう

第二代媽媽打理食堂

位於八重瀨的漁港附近，備受附近人們長年熱愛的食堂。將煮至柔軟的魷魚和蔬菜一起拌炒的什錦炒魷魚，是第一代媽媽的招牌菜。

南部 MAP P.168 D-3 ☎098-998-6136 八重瀬町港川315 11:00～15:00 不定期休假 從南風原南IC出發約9km Ⓟ有

AROUND Noon (11:00-14:00)

★★★ 今帰仁の駅そーれ特產銷售處所販售的沖繩沙翁（サーターアンダーギー）會依季節有桶柑或黑糖等各種口味。超好吃！

今帰仁の駅そーれ

なきじんのえきそーれ

將今歸仁的自然恩惠凝聚於定食中

有別於一般休息站，是個只由當地婆婆媽媽經營的今歸仁必經景點。每道菜都是溫暖人心的美味，定食裡附上的炊飯更是出色的美味！

美麗海水族館周邊 MAP P.176 E-3
☎0980-56-4940 今帰仁村玉誠157 ⊙9:00～18:00（食堂午餐11:30～13:30左右）週一 從許田IC出發約19km Ⓟ有

1 每日替換的そーれ定食850日圓。2 當地人也常光顧。3 麵定食850日圓。菜單研發到店家的營運都是婆婆媽媽們一手包辦。

請務必也來享用仔細熬煮高湯的沖繩麵

請來一嚐自家菜園的新鮮蔬菜

笑味の店

えみのみせ

想吃沖繩蔬菜就要到這裡！

在這裡可以享用到，擁有營養師證照的店主金城小姐使用高營養價值的當地蔬菜、藥草所烹調出來的古早味家庭料理。將沖繩人長壽的秘訣濃縮其中！

山原 MAP P.178 D-3 ☎0980-44-3220 大宜味村大兼久61 ⊙9:00～16:00（用餐11:30～）週二・週三・週四 從許田IC出發約30km Ⓟ有

1 使用16種時令蔬菜的まかちぃくみそぅれ（主廚自由創作）午餐1100日圓。2 在木造老民房裡讓身心喘口氣。3 沖繩風御好燒ひらやーちー450日圓。

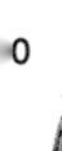

Best time!

12:00

當地商用批貨就在「小路」裡。
逛國際通り的重點在於錯開一條街

想要在洋溢著沖繩風情的小路散步的話，就往國際通り更裡面的一條路走吧。在浮島通り、やちむん通り，或是名不經傳的小巷裡都陸續開了不少很棒的店。

Ⓑ 壺屋 WORKS
つぼやワークス

集結沖繩陶藝家的作品

有許多陶窯的陶器、小雜貨的精品店。網羅沖繩陶藝家最新品項，定期替換陳列商品。

那覇 MAP P.180 D-4 ☎098-955-7478 那覇市牧志3-6-37 平和ビル101 10:00～20:00 不定期休假 單軌電車牧志車站徒步約9分鐘 Ⓟ無

Ⓐ guma guwa
グマー グワァー

讓早餐更顯出色的餐盤

有很多變化傳統花紋，搭配早餐盛裝的器皿。是壺屋燒陶窯「育陶園」的直營店。

那覇 MAP P.180 E-4 ☎098-911-5361 那覇市壺屋1-16-21 10:30～18:30（依季節而異） 無休假 從單軌電車牧志車站徒步約9分鐘 Ⓟ無

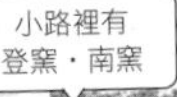

小路裡有登窯・南窯

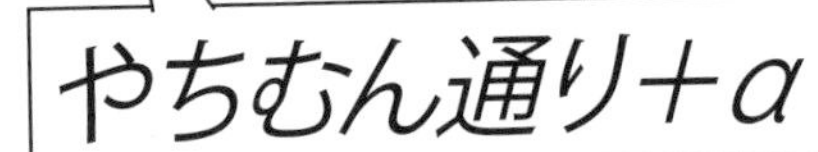

清新配色的附蓋杯子3888日圓。

やちむん通り＋α

自琉球王國時代將陶工集聚於此處的壺屋開始，這裡燒製陶器的歷史便隨之展開。其中不乏飽滿厚實的「壺屋焼」等，不妨到這來趟予人溫暖感受的陶器店鋪巡禮吧。

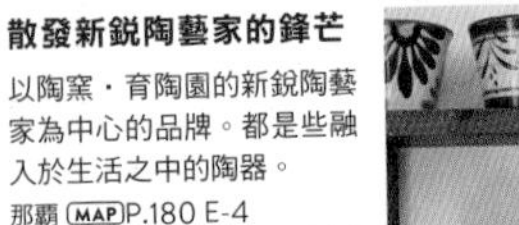

小徑路口有尊大型風獅爺

Ⓒ Kamany
カマニー

散發新銳陶藝家的鋒芒

以陶窯・育陶園的新銳陶藝家為中心的品牌。都是些融入於生活之中的陶器。

那覇 MAP P.180 E-4 ☎098-911-6664 那覇市壺屋1-22-37 10:30～18:30 無休假 從單軌電車牧志車站徒步約9分鐘 Ⓟ無

發現沖繩風格的人孔蓋

到小巷底圍牆為止的陶窯

Ⓓ Carfe・Gift ヤッチとムーン
クラフト アンド ギフト ヤッチとムーン

配色鮮豔系的作品較多！

具特色、可愛的陶器十分齊全。店家原創商品也不容錯過。

那覇 MAP P.180 E-4 ☎098-988-9639 那覇市壺屋1-21-9 10:00～19:00 無休假 從單軌電車牧志車站徒步約9分鐘 Ⓟ無

★★★ やちむん通り小巷裡老店陶窯・育陶園 陶藝道場（MAP P.180 E-4）有開設陶器手作教室。（需預約）

國際通り的後面充滿在地風情

真喜屋修的唐草皿1966日圓。

Ⓔ GARB DOMINGO
ガーブドミンゴ

以「琉球時尚」為意象

在此可遇到沖繩縣內陶藝家或與沖繩有緣的陶藝家作品。宛若畫廊般的二樓也相當棒。

那覇 MAP P.180 D-4 ☎098-988-0244 那覇市壺屋1-6-3 9:30～13:00、15:00～19:00 週三・週四 從單軌電車牧志車站徒步約12分鐘 Ⓟ無

Ⓕ miyagiya
ミヤギヤ

散發沖繩手工藝品的魅力

販售合計多達40個陶藝家與工作室的作品。因為大多是少量製作的作品，看到喜歡的就應儘快入手。

那覇 MAP P.181 C-4 ☎098-869-1426 那覇市松尾2-12-22 12:00～19:00 不定期休假 從單軌電車牧志車站徒步約11分鐘 Ⓟ無

道路之名來自於曾在此處營業的「浮島飯店」。個性化店舖或是可品嚐美味島上蔬菜的咖啡廳陸續增設，範圍從浮島通り到單行巷道不斷擴大中。

浮島通り＋α

1 田村窯的附蓋杯碗3200日圓。2 奥原硝子製造所的琉球玻璃杯2200日圓～

浮島通り

要是下雨可前往市場中央通り

←国際通り

橫向道路的店鋪也在增加

點購後細心地手沖！

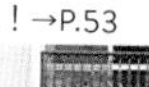

Ⓗ 食堂faidama
しょくどう ファイダマ

自家栽培的無農藥蔬菜為主角

活用沖繩食材，以當地人也為之驚奇、充滿意外性的食用方式來提供。融入日本「和」的料理十分美味！→P.53

Ⓖ THE COFFEE STAND
ザ コーヒー スタンド

輕鬆享用道地的咖啡

僅僅2.5坪的精品咖啡專售店。能於此品嚐到嚴選咖啡豆。

那覇 MAP P.181 C-3 ☎080-3999-0145 那覇市松尾2-11-11 104号 10:00～18:00 無休假 從單軌電車牧志車站徒步約8分鐘 Ⓟ無

1 2 鮮魚定食1296日圓所附的前菜與主菜，使用八重山漁港捕獲的鮮魚，以及大量的當地時令蔬菜。

一定要造訪的4間極致名店。

沖繩麵的傳統派與革新派

沖繩麵的世界，在承接過往傳承下來製法的同時，也經常有新風格登場。傳統派、革新派，您喜歡哪種？

使用以豬骨、泡盛或是鰹魚、昆布熬煮的高湯製作而成的沖繩麵（胚芽麵）中碗760日圓。

這才是傳統STYLE

使用加了木灰的澄清水所揉製的傳統製法麵條・木灰麵。配料以魚板、三層肉、小蔥為主流。

鰹魚高湯清爽醬香麵（大）650日圓和炊飯250日圓。

琉球古来すば 御殿山
りゅうきゅうこらいすば うどぅんやま

屋齡150年的老民房裡享用胚芽麵

混入胚芽，再以榕樹製成的木灰澄清水來揉製手工麵的沖繩麵為自豪賣點。以老民房為業的店鋪也讓人感到十分舒適。

首里 MAP P.171 C-3 ☎098-885-5498 那覇市首里石嶺町1-121-2 11:30～15:30 週一 從單軌電車首里車站徒步約15分鐘 Ⓟ有

沖縄そばの専門店 きしもと食堂
おきなわそばのせんもんてん
きしもとしょくどう

排隊人潮絡繹不絕的THE正統店家

創業110年以上的老店。手打麵使用椎木或伊集樹（イジュ）的木灰澄清水揉製。請留意午間時分常常大排長龍。

美麗海水族館周邊 MAP P.177 C-3 ☎0980-47-2887 本部町渡久地5 11:00～17:30 週三 從許田IC出發約23km Ⓟ有

★★★ 島豆腐と、おそば。真打田仲そば所使用的器皿，是由宮城陶器的宮城正幸先生一個個打造出的手工作品。其設計可愛，兼具懷舊溫馨感。

Best time!

12:00 歡迎蒞臨溫故知新的沖繩麵世界。必須邊吃邊比較

Okinawa Soba EIBUN

オキナワソバエイブン

走訪並吃過數百間店的老闆力作

前法式料理主廚以自由的發想創作出獨創風味。細心地熬煮出的高湯以異想天開的方式完美襯托沖繩麵。

那覇 MAP P.180 D-4
☎098-914-3882 🏠那覇市壺屋1-5-14
🕐11:30～17:00（售完即提早關店）
🔒週三 🚗從單軌電車牧志車站徒步約10分鐘 Ⓟ無

墨魚麵、艾草麵等，
也可更換麵的種類
（加價）。
特製凍狀醬汁拌麵900日
圓。濃郁的凍狀高湯裏附住富
含嚼勁的麵條。
真味 田仲麵與島豆腐飯
套餐880日圓。吃剩的
麵湯也可用來拌飯！

這才是革新STYLE

在保有傳統基礎的同時，也有像真打田仲そば的白湯高湯和EIBUN的凍狀醬汁等持續挑戰新風味的品項。

島豆腐と、おそば。真打田仲そば

しまどうふと　おそば　しんうちたなかそば

榮獲米其林肯定的麵專家之店

由麵專家・宮崎千尋小姐所主導。將傳統沖繩麵的鰹魚高湯改良成白湯高湯的「真味」值得一嚐！

美麗海水族館周邊 MAP P.174 E-1
☎090-1179-0826 🏠名護市東江3-20-28 🕐11:00～17:00（高湯用罄則提早關店）🔒週二、第一・第三個週三 🚗從許田IC出發約6km Ⓟ有

1

Best time!

12:00

所以才要特地來一趟。

第1順位↑的自產自銷午餐

3

2

或許是充足地沐浴在陽光之下，沖繩的蔬菜總是風味濃郁！在此將介紹四間引人入勝的店家，活用沖繩縣產蔬菜和當地漁獲的同時，還將其進一步烹調成「只有這裡才吃得到的料理」。

6

5

4

Ⓐ Cookhal
クックハル

山原魅力、再發見

可以品嚐到芳野店主栽培的蔬菜和美味的山原食材。西式醃漬蔬菜和德國香腸都是自製。

美麗海水族館周邊 MAP P.176 E-4
☎0980-43-7170 🏠名護市名護4607-1 アグリパーク内 ⌚9:00～17:00 🔒不定期休假 🚗從許田IC出發約10km Ⓟ有

Ⓑ カフェこくう

佇立於寧靜深山裡的老民房咖啡廳

提供島上蔬菜的養生料理。使用的蔬菜是無農藥・自然栽培。坐落於可以眺望景色豐富大自然的好位置，非常推薦！

美麗海水族館周邊 MAP P.176 D-2
☎0980-56-1321 🏠今帰仁村諸志2031-138 ⌚11:30～售完即提早關店 🔒週日・週一 🚗從許田IC出發約27km Ⓟ有

Ⓒ BE NATURAL
ビーナチュラル

發揮義大利料理的技巧

擁有知念漁港中盤商權利的主廚，將當地鮮魚製成創作料理。蔬菜自不必說，連雞蛋和牛奶也是使用當地所產。

南部 MAP P.168 E-2 ☎098-947-6203 🏠南城市佐敷字佐敷138-1 ⌚11:30～21:30（L.O.20:30）🔒週二・週三（例假日有營業）🚗從南風原北IC出發約8km Ⓟ有

Ⓓ 食堂 faidama
しょくどう ファイダマ

用島上蔬菜製成多彩的創作料理

使用店主夫妻父親所栽培的蔬菜、從八重山漁港批貨的魚，以當地婆婆也為之一驚的調理法供應。

那覇 MAP P.181 C-4 ☎098-953-2616 🏠那覇市松尾2-12-14 ⌚11:00～15:00、週六17:30～20:00（售完即提早關店）🔒週一・週二 🚗從單軌電車牧志車站徒步約10分鐘 Ⓟ無

1 火烤帕尼尼850日圓。100%無添加物的山原豬肉德國香腸，和自家農園的紫高麗菜做成的德國酸菜、西洋芥末奶油醬、香草植物等都是自家栽種手作Ⓐ。 3 也販售西式醃漬蔬菜和辛香料等山原產農作物Ⓐ。 4 建蓋在可以舒適遠眺今歸仁森林與東海美景的地方Ⓑ。 5 大量時令沖繩蔬菜的蔬菜盤1200日圓Ⓑ。 2 10 鮮魚定食1296日圓。當天是沖繩縣鮮魚燉薏仁。定食會附上小碟的前菜Ⓓ。 6 在八重山方言裡為「貪吃鬼」之意的店Ⓓ。 7 8 9 主廚自由創作午餐1814日圓（依食材而異）。附上前菜、義大利麵、主菜、甜點、飲料。當天的主菜是自知念漁港直送的香煎鮮魚佐在地鮮蔬Ⓒ。 11 12 宜人的寬敞空間Ⓒ。

Best time!

13:00

今歸仁藍於此等待。

邁向光是待著就能感到幸福的天然海灘

「空無一物」竟是如此幸福的場所

沒有淋浴間、也沒有各種消費集點卡片，當然也沒有海灘遮陽傘。即便如此，因為有這樣的漸層湛藍於此等待，還是讓人不禁想前往天然海灘。若想出門尋找這樣沁入內心深處顏色的海洋的話，個人推薦今歸仁（與今歸仁以北）最佳。擁有開車10幾分鐘即可抵達沖繩美麗海水族館的地點優勢，而且只要於此待上片刻即可讓心充滿能量。若想到南部地區尋訪天然海灘的話，可以前往南城市的百名海灘或新原海灘。常常原本只打算「看看就好」，之後卻不知不覺地跳入海水之中，所以建議要回飯店之前再去海邊。

★★★ 長濱海灘的附近還有個赤墓海灘（MAP P.176 D-2），那裡也有絕美風景。但由於該處沒有大型停車場，所以不可久待。

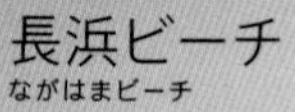

長浜ビーチ

ながはまビーチ

美到讓人感動落淚的「今歸仁藍」

白色的沙灘和今歸仁藍的兩相對比尤為美麗的天然海灘。因為是淺灘較廣的海域，也能享受浮潛之樂。

美麗海水族館周邊 MAP P.176 D-2
☎0980-56-2256（今帰仁村経済課）
今帰仁村諸志 自由游泳 無休假
從許田IC出發約25km Ⓟ無

Best time!

13:00

AROUND **Noon** (11:00~14:00)

一瞬間令沖繩景色躍然復甦，色彩豐富的布產品雜貨店們。

尋訪凝聚於紡織品上的「島嶼色彩」

將個性豐富的「島嶼色彩」呈現在手帕或雜貨之上的每個圖樣，傾注了陶藝家自身的心思。

Doucatty

ドゥカティ

只有夫妻倆的工坊兼店鋪

藝術家夫婦在「どぅかてぃ」（意為「任意而為」的沖繩方言）這間店輕鬆愜意所繪製的，是從沖繩的自然與日常生活得到啟發的世界。招牌商品的手帕或大張布料，僅僅只是看著就不由自主地微笑起來。

南部 MAP P.168 E-1 ☎098-988-0669 南城市佐敷新里740-1 ⏲10:00～16:30 週一・週二 從南風原北IC出發約10km Ⓟ有

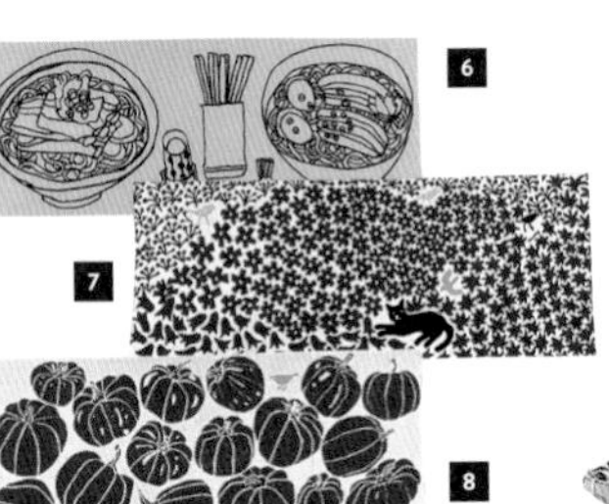

1 用途自由廣泛的「大張布料」。 **2** 工坊的招牌店貓迎接客到。 **3** **4** 誠如店名所說地自由自在，愉快地創作著的田原夫婦。 **5** 欲拜訪需事前聯絡。 **6**「沖縄すば」1200日圓。 **7**「木瓜海棠」1500日圓。 **8**「滾動的南瓜」1300日圓。 **9** 用裁切手帕的剩餘布料拼接製成的包包，世界上獨一無二。

★★★ 這次介紹的三間店鋪每家都是身兼陶藝家的工坊，所以休假日之外也有可能會休店。可透過店家網路平台或電話事先確認。

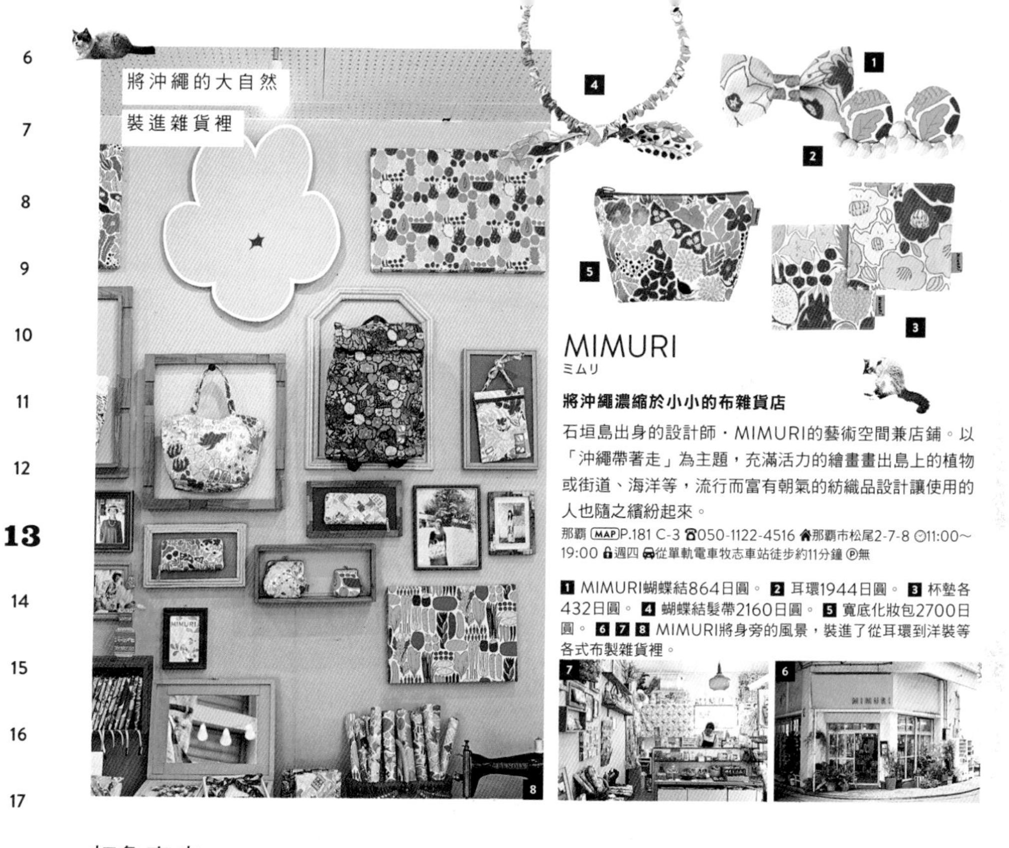
將沖繩的大自然
裝進雜貨裡
MIMURI

MIMURI
ミムリ

將沖繩濃縮於小小的布雜貨店

石垣島出身的設計師・MIMURI的藝術空間兼店鋪。以「沖繩帶著走」為主題，充滿活力的繪畫畫出島上的植物或街道、海洋等，流行而富有朝氣的紡織品設計讓使用的人也隨之繽紛起來。

那覇 MAP P.181 C-3 ☎050-1122-4516 那覇市松尾2-7-8 ⊙11:00～19:00 休週四 從單軌電車牧志車站徒步約11分鐘 Ⓟ無

1 MIMURI蝴蝶結864日圓。 2 耳環1944日圓。 3 杯墊各432日圓。 4 蝴蝶結髮帶2160日圓。 5 寬底化妝包2700日圓。 6 7 8 MIMURI將身旁的風景，裝進了從耳環到洋裝等各式布製雜貨裡。

虹亀商店
にじがめしょうてん

以柔和色調呈現海洋世界

背上行囊到訪沖繩之後一見傾心因而移居於此的紅型染創作家・谷明日香小姐。儘管承襲傳統手法，圖樣則是紅型染少見的海洋、森林樹木等洋溢沖繩氛圍的事物。

南部 MAP P.168 E-5 ☎090-8293-1138 南城市知念吉富335-1 ⊙11:00～17:00 休週四・週日 從南風原北IC出發約16km Ⓟ有

獨一無二的
紅型染創作家
虹亀商店

1 鮮豔卻柔和的色調是亀谷小姐紅型染的魅力所在。描繪原創模型、以小刀雕刻、再以顏料染色。經過漫長工程才得以完成的紅型染。 2 雙珠扣式零錢包1944日圓。 3 蝴蝶結領帶5000日圓～ 4 髮束378日圓。 5 手帕各1944日圓。

MY BEST

SOBA MAP

（沖繩麵篇）

每天吃也不會膩
沖繩在地鄉土料理

以鰹魚和豬骨仔細熬煮出的高湯裡，放入從麵粉開始製作的手工麵，配料則有三層肉、魚板及蔥，正是這種簡單的組成，讓人們得以到處走訪每家店享受其不同個性所帶來的品味之樂。試著尋找離現下地點最近的美味麵吧。

E

なかむらそば的
石蓴麵（中） 750日圓

因為大海就在眼前而成為恩納的排隊名店。由石蓴的海潮香和濃郁的鰹魚高湯絕妙組合成的石蓴麵，自家製的手打麵條很容易吸附湯汁。

自製麵條 × 鰹魚鮮味十足高湯

G

わるみ食堂的
滷豬排骨麵 600日圓

不顯眼但備受當地顧客喜愛的食堂。附上3小碟小菜的滷豬排骨麵，使用了平打麵加上鰹魚高湯。上面擺上大塊滷豬排骨肉和海帶芽，十足的滿足感！

滷豬排骨肉真的好好吃呀…

簡單就是 BEST of BEST!!

D

首里そば的
首里麵（中） 500日圓

由總店・首里店和縣廳店兩家店組成的人氣店家。受歡迎的秘密在於依照傳統製法所製作出帶有嚼勁的麵條。時常提早售罄，建議提早來店。

黑漆漆!! 好吃

H

そば八重善的
墨魚麵 910日圓

墨魚麵的創始店。可同時吃到細麵條和粗麵條的兩種口感差異，濃郁的鮮味凝縮於湯汁中，令人欲罷不能。1天限量10碗，附上炊飯做的飯糰。

沖繩第一家
飛魚高湯!!
（トビウオ）
使用沖繩小麥&熊本小
製成的自製麵條。

B なかのや的
飛魚麵 600日圓

位於南の駅やえせ休息站附近，同時也是沖繩第一家用八重瀬町盛產的飛魚（トビウオ）熬煮高湯的專賣店。這種先將飛魚以炭火烘烤之後乾燥，再用來熬煮出具衝擊性美味的高湯，只有在這裡才能嚐到。

F 金月そば的
沖繩麵 650日圓

使用產自沖繩等地的日本國產麵粉製成的麵條，擁有接近拉麵的嚼勁。以傳統為重的同時也改良店家特有風味，能讓人感受到麵條與配料的分量感。

添加石蓴的麵條

湯裡也有海藻

石蓴

A 沖繩そばと茶処 屋宜家的
石蓴麵 800日圓

在屋齡70年的琉球老民房中品嚐的是招牌石蓴麵。麵條裡也加入了石蓴揉製而成，風味極為出眾。

C 沖繩そばの店しむじょう的
滷排骨麵 800日圓

在國家指定登錄有形文化財的紅瓦屋頂老民房裡，邊眺望庭院邊用餐。口感講究的細扁麵條，搭配上以豚骨和鰹魚所熬煮出來的清爽高湯，形成絕妙美味。

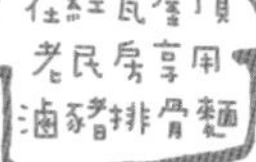

E F C D A B

Ⓐ 沖縄そばと茶処 屋宜家
おきなわそばとちゃどころ やぎや

南部 MAP P.168 D-3 ☎098-998-2774 🏠八重瀬町大頓1172 🕘11:00～15:45 🔒週二（遇例假日則營業）🚗從南風原南IC出發約6km Ⓟ有

Ⓑ なかのや

南部 MAP P.168 D-3 ☎098-894-6466 🏠八重瀬町具志頭659南の駅やえせ内 🕘10:00～19:00 🔒無休假 🚗從南風原南IC出發約8km Ⓟ有

Ⓒ 沖縄そばの店 しむじょう
おきなわそばのみせ しむじょう

首里 MAP P.171 C-3 ☎098-884-1933 🏠那覇市首里末吉町2-124-1 🕘11:00～15:00（售完即提早關店）🔒週三 🚗從單軌電車市立病院前車站徒步約6分鐘 Ⓟ有

Ⓓ 首里そば
しゅりそば

首里 MAP P.171 C-3 ☎098-884-0556 🏠那覇市首里赤田町1-7コンサートギャラリーしろま1F 🕘11:30～14:00（售完即提早關店）🔒週日（不定期休假）🚗從單軌電車首里車站徒步約5分鐘 Ⓟ有

Ⓔ なかむらそば

西海岸度假區 MAP P.175 C-3 ☎098-966-8005 🏠恩納村瀬良垣1669-1 🕘11:00～18:00 🔒無休假 🚗從屋嘉IC出發約7km Ⓟ有

Ⓕ 金月そば
きんちちそば

西海岸度假區 MAP P.173 B-2 ☎098-958-5896 🏠読谷村喜名201 🕘11:00～16:00 🔒週一（遇例假日則週二休）🚗從石川IC出發約10km Ⓟ有

Ⓖ わるみ食堂
わるみしょくどう

美麗海水族館周邊 MAP P.176 E-3 ☎0980-56-2821 🏠今帰仁村上運天927-7 🕘11:00～18:00 🔒週三 🚗從許田IC出發約19km Ⓟ有

Ⓗ そば八重善
そばやえぜん

美麗海水族館周邊 MAP P.176 D-3 ☎0980-47-5853 🏠本部町並里342-1 🕘11:00～售完即提早關店 🔒週二（遇例假日則週三休）🚗從許田IC出發約20km Ⓟ有

my BEST

HAMBURGER MAP

（漢堡篇）

張嘴大口接住溢出來的肉汁！

因為有很多美軍相關的美國人，所以沖繩瞬時成為了聚集很多漢堡名店的島嶼。這些漢堡吃起來完全不輸漢堡主要產地，肉排和小圓麵包也會依店家而有各種變化。不妨大膽嘗試將苦瓜或魚肉製成肉排的新奇漢堡！

已經無須多說的知名組合

C

Zooton's的酪梨起司漢堡
820日圓

堅持自製的漢堡店。夾入酪梨醬和起司、肉排的漢堡最受歡迎。所有食材絕妙對味而擁有眾多粉絲！

H

G

ととらべべハンバーガー的
特製漢堡 1200日圓

每天早上出爐的自製小圓麵包中，再夾入皆為自製的西式醃苦瓜、醬料、以寒緋櫻煙燻的培根。相當費工的超值漢堡。

F

Captain Kangaroo的
超級漢堡 1000日圓

能夠嚐到口感和多汁程度的粗絞肉製作而成的肉排，再加上風味不輸肉排的略硬圓麵包，以及手作BBQ醬汁，所有的食材都取得絕妙平衡。

美味程度是巨無霸等級!!

讓香味更顯突出的煙燻鹽!!

E

BOASORTE的
藍紋起司漢堡
1000日圓

這裡的漢堡是愛好「肉汁多到溢出來」的日本人會喜歡的味道。濃郁的藍紋起司與蜂蜜，意外地與漢堡非常對味！

F

Captain Kangaroo的
墨西哥塔可漢堡 900日圓

若提到時常位居引領沖繩漢堡界地位的漢堡之王，指的就這裡。煙燻風味的簡單調味帶出肉排的鮮甜滋味，再於其上覆蓋酪梨與酸奶油醬！

Hamburger Captain Kangaroo Island OKINAWA www.roo-bar.jp 0980-54-3698

藍紋起司的濃醇令人難以抗拒。

超～級好～吃!!!

E

BOASORTE的
新鮮酪梨醬漢堡 1000日圓

葡萄牙語為「Good Luck」的店名。多到滿出來的酪梨莎莎醬和肉排是最強的組合！美式復古風格室內裝潢也很可愛。

Ⓐ Jef豊見城店
ジェフ とみぐすくてん
→P.111

Ⓑ Eightman's SEABURG
エイトマンズシーバーグ
南部 MAP P.169 A-1 ☎098-851-9292 🏠豊見城市瀬長174-6瀬長島ウミカジテラス内 ⏲10:00～21:00（L.O.20:30）🔒無休假 🚗從那覇機場出發約6km Ⓟ有

Ⓒ Zooton's
ズートンズ
那覇 MAP P.181 B-3 ☎098-861-0231 🏠那覇市久茂地3-4-9 ⏲11:00～20:30（週二・週日・例假日至16:30）🔒無休假 🚗從單軌電車県庁前車站徒步約5分鐘 Ⓟ無

Ⓓ GORDIE'S
ゴーディーズ
中部 MAP P.173 A-4 ☎098-926-0234 🏠北谷町砂辺100-530 ⏲11:00～21:00（僅週六・週日供應早餐8:00～11:00）🔒不定期休假 🚗從沖繩南IC出發約6km Ⓟ有

Ⓔ BOASORTE
ボアソルチ
中部 MAP P.173 B-5 ☎098-987-6229 🏠宜野湾市大山4-1-1 ⏲11:00～15:00、18:00～21:00 🔒週一 🚗從西原IC出發約7km Ⓟ有

Ⓕ Captain Kangaroo
キャプテン カンガルー
美麗海水族館周邊 MAP P.176 D-5 ☎0980-54-3698 🏠名護市宇茂佐183 ⏲11:00～20:00（L.O.19:30）售完即提早關店 🔒週三 🚗從許田IC出發約8km Ⓟ有

Ⓖ ととらべべハンバーガー
美麗海水族館周邊 MAP P.177 C-4 ☎0980-47-5400 🏠本部町崎本部16 ⏲11:00～15:00 🔒週四 🚗從許田IC出發約23km Ⓟ有

Ⓗ BENJAMIN BURGER
ベンジャミン バーガー
美麗海水族館周邊 MAP P.176 E-3 ☎0980-52-8222 🏠名護市済井出259-1 ⏲11:00～19:00（L.O.18:00）🔒週四 🚗從許田IC出發約19km Ⓟ有

Ⓗ BENJAMIN BURGER的
雞蛋培根漢堡 1100日圓

建立在屋我地島並坐擁海景的店家。從辣椒醬到莎莎醬、小圓麵包都是堅持自家製，襯托出加了牛五花粗絞肉的肉排。請來試試這個最受歡迎的漢堡。

emade的
小圓麵包。

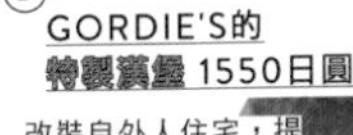

Ⓓ GORDIE'S的
特製漢堡 1550日圓

改裝自外人住宅，提供道地漢堡的美式漢堡店。不添加增稠劑的牛粗絞肉排上面擺上煎蛋、夾入培根，分量滿點！

鮪魚的鮮甜，相當到味。

Ⓑ Eightman's SEABURG的
鮪魚莎莎醬酪梨漢堡 1188日圓

希望大家知道沖繩縣產的魚有多麼好吃的糸満漁民食堂（P.129）所經營的魚漢堡專賣店。鮪魚排會以大火輕輕炙燒表面使整體呈「一分熟」狀態。再以黑胡椒為整體提味。

中間
超輕熟。

Ⓗ BENJAMIN BURGER的
青花菜漢堡 1080日圓

推薦給追求「分量十足」的同時還想任性地也兼顧「健康」的人。善用青花菜口感與風味，和肉排相當合拍。

青花菜
風味清爽！

Ⓑ Eightman's SEABURG的
原創炸魚漢堡 1026日圓

將沖繩近海捕獲的大型魚，劍旗魚、鬼頭刀魚、飛魷等油炸製成招牌菜單。佐搭上自製的莎莎醬或濃郁的番茄莎莎醬一起享用。

沖繩風格
FISHBURGER

G D E C B A

咦？苦瓜
做成漢堡!!

Ⓐ Jef豊見城店的
苦瓜漢堡 378日圓

發源自沖繩的漢堡店裡，有著一道夾入苦瓜和豬午餐肉的「苦瓜漢堡（ぬーやるバーガー）」。其溫和的味道，是回程去機場之前會想吃的一道料理。

MY BEST

SHOKUDO MAP

（食堂篇）

便宜又好吃。
匯集沖繩一切的場所

匯集了沖繩「食」的一切，對沖繩來說不可欠缺的存在正是食堂。當地媽媽使用沖繩獨特野生青草用心手作，甚至也可稱為「ぬちぐすい（命之藥）」的料理，更是絕對值得一嚐的珍貴料理。

Ⓔ 島やさい食堂てぃーあんだ的
長籽柳葉菜定食 1620日圓

因為想讓孩子們吃到營養滿分的餐點而開店。以沖繩縣產食材為中心，使用大量蔬菜的多項定食，擁有滲進身體裡的溫和味道。以時令蔬菜天婦羅為主菜。

說到藥草料理這裡必是首選!!

Ⓓ 紀乃川食堂的
泡盛鹽煮青嘴魚定食1500日圓

即便位處本部町的小村落裡，還是有很多從國內外來訪的顧客。除了使用當地漁獲的魚料理之外，還有手工製作的花生豆腐（ジーマミー豆腐）350日圓也務必一嚐。就我個人所知是No.1的美味程度。

Ⓕ Café がらまんじゃく的
伽藍萬定食
3500日圓

將「以形補形」奉為圭臬，提供豐富使用蔬菜・藥草的料理。胡蘿蔔炒蛋、黑芝麻蒸豬肉（みぬだる）等，盛放於月桃葉上的沖繩料理看上去也相當漂亮。

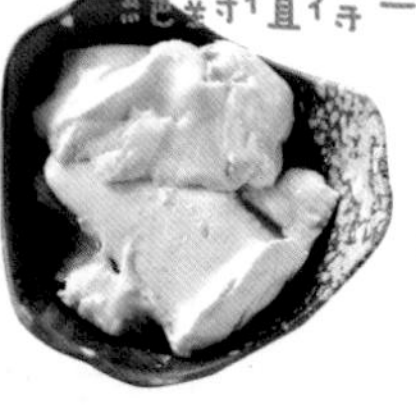

這個花生豆腐絕對值得一嚐!!

Ⓐ 波布食堂
はぶしょくどう（2019年4月歇業）

那覇 MAP P.171 B-3 ☎098-861-8343 🏠那覇市通堂町4-22 ⏲11:00～17:30 🔒週一・周日、例假日 🚗從單軌電車旭橋車站徒步約10分鐘 Ⓟ有

Ⓑ 花笠食堂
はながさしょくどう

那覇 MAP P.180 D-3 ☎098-866-6085 🏠那覇市牧志3-2-48 ⏲11:00～20:00 🔒無休假 🚗從單軌電車牧志車站徒步約7分鐘 Ⓟ無

Ⓒ 琉球茶房 あしびうなぁ
りゅうきゅうさぼう あしびうなぁ

首里 MAP P.171 C-3 ☎098-884-0035 🏠那覇市首里当蔵町2-13 ⏲11:00～15:00、17:00～22:00 🔒不定期休假 🚗從單軌電車首里車站徒步約15分鐘 Ⓟ無

Ⓓ 紀乃川食堂
きのかわしょくどう

美麗海水族館周邊 MAP P.177 C-3 ☎0980-47-5230 🏠本部町健堅603 ⏲11:00～17:00 🔒週日 🚗從許田IC出發約23km Ⓟ有

Ⓔ 島やさい食堂てぃーあんだ
しまやさいしょくどうてぃーあんだ

西海岸度假區 MAP P.173 A-2 ☎098-956-0250 🏠読谷村都屋448-1 ⏲午餐週五～週三11:00～15:00、晚餐週五～週日18:00～20:00（需予約）🔒週四 🚗從沖繩北IC出發約14km Ⓟ有

Ⓕ Café がらまんじゃく
カフェがらまんじゃく

中部 MAP P.174 D-4 ☎098-968-8846 🏠金武町金武10507-4 ⏲12:00～售完即提早關店 🔒週二～週五 🚗從金武IC出發約6km Ⓟ有

Ⓖ がじまる食堂
がじまるしょくどう

中部 MAP P.173 B-4 ☎098-936-5968 🏠北谷町上勢頭814-1 ⏲10:00～21:00 🔒週日 🚗從沖繩南IC出發約3km Ⓟ有

Ⓑ 花笠食堂的
花笠定食 850日圓

牧志公設市場附近的超有名店家。滷豬蹄膀、油豆腐和蔬菜燉煮料理的招牌定食。米飯有白米飯、炊飯和糙米飯三種可選。湯品則有豬內臟湯（中味）或豬肉白味噌湯（イナムルチ）共五種可選。

Ⓐ 波布食堂的**豬肉麵**
750日圓

受到當地顧客歡迎的巨無霸餐點店。「滿到這個程度！」的蔬菜和豬肉，分量令人大感滿足的豬肉麵。紅薑絲也相當提味。真的吃不完的時候也可以打包。
（2019年4月歇業）

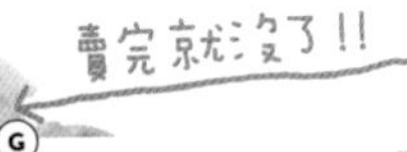

要將肉從
骨頭上刮下來吃。
賣完就沒了!!

Ⓖ かじまる食堂的
燉大骨湯 600日圓

以大骨湯起始店聞名的食堂。久燉慢熬5小時以上的帶肉大骨湯加上萵苣、昆布，附上白飯和醃漬小菜。1天限定只賣30份，建議及早來店！

就連魚骨也酥脆！

Ⓒ 琉球茶房 あしびうなぁ的
酥炸烏尾冬定食 1188日圓

將屋齡60年的琉球老民房改裝。店內也有中庭，整間店洋溢著悠閒的氛圍。主菜為在沖繩相當受歡迎的酥炸烏尾冬（グルクンのから揚げ）。也有附上生魚片。

沖繩 Tips & Memo

AROUND NOON

若想徹底體驗沖繩的飲食文化，午餐是勝負關鍵。
如果是再次光顧的回頭客，也推薦大家安排個性派的玩法。

Go To Local Market

在沖繩的廚房TRY「收獲漁獲」

盡興地體會漁獲市場的話，光只是「採買」太枉費此行了！可以將「收獲漁獲」帶到二樓即席享用。

沖繩縣民的廚房據說原先是興自於戰後黑市。一樓併設了不少具有深度的店家，販售著魚或肉等，可以從中充分感受沖繩飲食文化。即便只是閒逛也很有樂趣。

第一牧志公設市場
だいいちまきしこうせついちば
那覇 MAP P.180 D-3
☎098-867-6560 那覇市松尾2-10-1 8:00～21:00（依店鋪而異）第4個週日 從單軌電車牧志車站徒步約10分鐘 Ⓟ無

1F 一開始先來挑選沖繩當地海鮮。

我們是剛捕撈到的新鮮漁獲

1 絢麗多彩的魚群。試著問問本日最推薦。 2 3 沖繩三大高級魚的烏尾冬、長尾鳥魚。

2F 食材費＋一人500日圓就能幫忙烹調。

入店後，將希望的調理法告知店家。魚可一半做生魚片，另一半烹煮，魚頭再拿來煮湯。請店家絲毫不浪費地料理。

きらく
☎098-868-8564

購買海鮮之後，於二樓的任一店家支付每人500日圓（最多3道）即可代客烹調。若沒自帶海鮮也可直接點店內餐點。

CAUTION!

☑ 絕對不可對沖繩的陽光掉以輕心。

在沖繩，晴空萬里適合拍照的好天氣裡日照也十分強烈，約為北海道的兩倍！即便塗上防曬用品，只要在海邊待上一天也幾乎快要曬傷……這樣的情況屢次發生，建議也可穿著輕薄外套等，預作萬全準備。

☑ 沖繩店家的「不定期休假」是真的很不一定。

若地家標示「不定期休假」，其營業日真的很不一定，尤其是個人獨自經營的店鋪更常有這種情形。為了避免特地到了才發現白跑一趟，可事前確認店家社群網路公告或電話做確認。

遍嚐山原飽餐一頓的 Order Made TOUR

能夠充分享受山原大自然與食材、文化的現點現做導覽行程提案。體驗完田地現摘現採的活動後，直接在野外餐桌上由專家現場烹調成美味料理；或是體驗完沖繩木造船舟（サバニ）之後，享受海灘野餐。有各式各樣的導覽內容。

推薦給多人團體旅行

やんばる野外手帖
やんばるやがいてちょう
☎0980-43-5895（やんばる畑人プロジェクト事務局）URL wilddiary.haruser.jp/

在那霸中心地帶創作琉球玻璃

據傳現存玻璃工坊中歷史最悠久的店鋪就在國際通り一帶，可以在此創作出世界上獨一無二的玻璃製品。個人最喜歡的是奧原硝子特有的「輕彈珠汽水（ライトラムネ）」淺水藍色。

製作體驗約15分鐘左右

奥原硝子製造所
おくはらがらすせいぞうじょ
那覇 MAP P.180 D-2 ☎098-868-7866（那覇市伝統工芸館）那覇市牧志3-2-10 てんぶす那覇2F 9:00～18:00（體驗時間為10:00～16:45）週四 ¥製作體驗2700日圓～ 從單軌電車牧志車站徒步約5分 Ⓟ有（收費）

1 商品可於同設施裡的工藝館購得。紅酒杯2800日圓。 2 直筒杯1000日圓。 3 玻璃杯1100日圓。

沖繩的魅力，就在於咖啡廳！

Okinawa Cafe guide

海景咖啡廳或森林綠景咖啡廳、陶器咖啡廳等，
用關鍵字來介紹可以充分感受沖繩氛圍的咖啡廳。

Ⓐ尼泊爾的蒸餃子、桃子汁1000日圓。沾取辣醬汁享用。 ⒷⒹ新原海灘的特別指定席。 Ⓒ當地人晚上會光顧，若不想人擠人則建議中午前到訪。

01

食堂かりか

しょくどうかりか

南部 MAP P.168 E-3 ☎098-988-8178
南城市玉城百名1360 ⏲10:00～20:00（依季節而異）🔒週三（依季節而異）🚗從南風原南IC出發約12km Ⓟ有

海濱的尼泊爾食堂

這裡有著的已經不是海景席，而是直接將沙灘變成座位區，應該很難有地方擁有如此風景。海邊的輕食小店很常見，但是說到「海邊的尼泊爾料理」，在廣大的日本裡大概就只有這裡才有。尼泊爾主廚所烹煮的料理帶辣，相當適合沖繩的氣候。在這裡一邊感受海風，一邊遠眺水平線，悠悠哉哉地度過愜意時光吧！

美麗海的蔚藍在此恭候光臨

Oceanview Cafe

被一大片能讓人精神為之一振的湛藍海洋所包圍的沖繩，是海景咖啡廳的寶庫。從高台上向下俯瞰也好，面向海洋側耳傾聽海潮聲悠閒度日也不錯。若想看到更加美麗的大海景色，推薦在海洋呈現最美色澤的中午前到訪。

Ⓐ庭院裡的鞦韆吊椅。Ⓑ芒果之森520日圓。Ⓒ露天座席可提供的只有飲料和甜點。
Ⓓ添加椰奶和紅豆白玉湯圓的甜湯420日圓。

02

カフェくるくま

南部 MAP P.168 F-2 ☎098-949-1189 南城市知念字知念1190 ⏰10:00～19:00（10～3月至18:00，週二至17:00）無休假 🚗從南風原南IC出發約15km Ⓟ有

已是榜上有名的海景咖啡廳

位於海景咖啡廳競爭激烈區域的南城市，受到忠心擁護的全景海景咖啡聽。打造成可從高台眺望太平洋的露天座席，可將久高島坐收眼底。寬廣的庭院裡還設有鞦韆和小徑，不少人用餐之後都在此享受散步之樂。店內可品嚐到道地的泰國料理，各方面來講都很優秀。

Ⓐ露天座位先搶先贏。 Ⓑ超適合拍照打卡的牆面。 Ⓒ一体化開放的店。 Ⓓ草莓再加上煉乳、鮮奶油和刨冰一起享用。880日圓。

03

THE CALIF KITCHEN OKINAWA

ザ カリフ キッチン オキナワ

中部 MAP P.172 E-2 ☎098-926-1010 🏠北谷町美浜9-21デポアイランドシーサイドビル3F 🕗8:00～22:00 🔒不定期休假 🚗從沖繩南IC出發約5km Ⓟ有

觀賞蔚藍海洋和沉入水平線的夕陽餘暉

可從廣闊露台俯瞰北谷海的咖啡廳。彷彿置身於加利福尼亞海邊的洗鍊裝潢，令人不禁為北谷的絕佳地理位置著迷。到這裡務必一嚐的是加了雪花般的刨冰、冰淇淋與鮮奶油的「混搭刨冰（ハイブリットかき氷）」。不同口感與風味變化等方面都相當創新。

ⒶCAHAYA BULAN的四樣甜點1188日圓。Ⓑ正面朝海的露天座位是特別指定席。

04

cafe CAHAYA BULAN

カフェ チャハヤ ブラン

美麗海水族館周邊 MAP P.177 C-2
☎0980-51-7272 本部町備瀬429-1 12:00～日落 週三・週四（7～9月只休週三）從許田IC出發約30km Ⓟ有

遙望伊江島的亞洲風情咖啡廳

可以搭配備瀨福木林道散步行程順道到訪的沿海咖啡廳。以委身於沖繩的東南亞文化為意象，營造出南洋度假風格室內裝潢與風味溫和的亞洲料理，可於此徹地放鬆歇息。雖然也可坐在店內從整面玻璃牆向外眺望海景，但還是可以直接感受海風吹拂的露天座位區更有一番風情。

05

浜辺の茶屋

はまべのちゃや

南部 MAP P.168 E-3 ☎098-948-2073
南城市玉城字玉城2-1 10:00～19:30（週一為14:00～）無休假 從南風原南IC出發約10km Ⓟ有

坐落於海灘旁的木造小屋咖啡廳

這片蔚藍大海會在滿潮時延伸至小木屋下方，於退潮時顯露出廣闊的沙灘。欣賞這如幻夢般時刻變化著的汪洋大海面貌，正是這間咖啡廳的樂趣所在。店內有著一排敞開大窗的靠窗座位，還有樹蔭席等各種位置，及早在開店1小時前擺出的預約登記簿上記名排隊是得手人氣座位的小秘招。

Ⓐ蔬菜和水果的鄉村三明治594日圓。Ⓑ沖繩食材冷飲。Ⓒ受歡迎的靠窗席。

於生命力蓬勃的森林中行光合作用

Green Cafe

雖然美麗的沖繩總會令人一思及它就聯想到大海，但其實在沖繩的氣候下蓬勃生長的亞熱帶植物綠林和叢林，也是相當具有魅力的。越是陰雨綿綿的日子裡，就更要出門走訪比平時更顯美麗耀眼的林中咖啡廳。

Ⓐ蕨類植物等具南國風情的植物圍繞池塘。 Ⓑ用心製作的多種配菜，可每樣品嚐少許的蔬菜拼盤午餐（黑米）1800日圓。

01

Cafe 七 色 の 風

カフェ なないろのかぜ

西海岸度假區 MAP P.173 B-2 ☎090-3797-3022 🏠読谷村座喜味2511-2 🕘11:30～17:30 🔒週一・週二 🚗從石川IC出發約12km Ⓟ有

在這不似讀谷的叢林裡享用自然系餐點

這家突然出現在讀谷的林中咖啡廳的背後，有著店主歷時30年以上的時間才完成這廣達5000坪偌大腹地的驚人軼事。圍繞著遼闊池塘，享受漫步於叢林之中的愜意之後，再到林中小屋風格的建築物裡面遠眺隨四季更迭的風景，享用盛有多樣蔬菜的拼盤。店內供應健康的多蔬素食，可安心享用。

02

Cafe 森のテラス

カフェ もりのテラス

南部 MAP P.168 E-5 ☎098-949-1666 🏠南城市知念字知念143-3 🕘11:00～17:00 🔒週二 🚗從南風原北IC出發約17km Ⓟ有

繁花爭妍鬥豔的理想鄉

希望人們能放鬆欣賞這個命名為「香格里拉」的庭院，而將咖啡廳設計成能從上俯瞰的庭園。由店主父親一人所開闢，占地多達5000坪的庭園裡，綻放著扶桑花與九重葛，訪客可漫步於其間自由欣賞。請在露天席位聆聽著悅耳鳥鳴聲，一邊享用甜點吧。

Ⓐ Ⓒ Ⓓ修整有序的庭院規畫了走一圈約20分鐘的散步路線。這規畫還在擴大之中！ Ⓑ黑糖蜜黃豆蛋糕捲400日圓。

Ⓐ南國植物生機盎然地綻放
Ⓑ沖繩黑糖煎餅500日圓、蜂蜜橘子鮮果汁500日圓。
Ⓒ二樓座位飽覽絕美風景。
Ⓓ園區內連同屋頂上等處約有100尊以上的風獅爺。

03

やちむん喫茶シーサー園

やちむんきっさシーサーえん

美麗海水族館周邊 MAP P.176 D-4 ☎0980-47-2160
本部町伊豆味1439 ⏰11:00～19:00 休週一・週二（遇例假日則隔天休）🚗從許田IC出發約18km Ⓟ有

洋溢大自然能量的樂園就在這裡

這裡是沖繩森林咖啡廳的先驅。占地多達1萬坪的園區，店主細心栽種與規畫了美麗的庭園，就連蝴蝶也翩然飛舞至此尋求香甜花蜜。簡單而樸實的餅乾，搭配自家烘焙咖啡豆的手沖咖啡。如果汽車導航沒有顯示的話，可以依照沿途設立的看板指標開車前往。

04

Cafe ハコニワ

カフェ ハコニワ

美麗海水族館周邊 MAP P.176 D-4
☎0980-47-6717 本部町伊豆味2566
11:30～17:00 週三・週四 從許田IC出發約15km Ⓟ有

在老民房咖啡廳度過悠閒時光

由女店主親手改造屋齡50年的沖繩老民房。能坐下歇息的檐廊與店內有溫度的室內裝潢，保有時尚感的同時又令人漾起懷舊思緒。最受歡迎的是活用沖繩縣產的新鮮蔬菜與食材所烹調而成的當日箱庭拼盤。將清脆鳥囀當成背景音樂來吟味。

Ⓐ當日箱庭拼盤900日圓。附有黑米飯與5樣配菜。Ⓑ佇立於森林小徑的前方。

05

がじまんろー

山原 MAP P.178 D-3 ☎0980-44-3313
大宜味村大宜味923-3 11:00～18:00
週五～週日、11月 從許田IC出發約28km Ⓟ有

在秘境咖啡廳裡忘卻時間

幽靜佇立於森林深處的小木屋風格咖啡廳。該店由種植沖繩香檬的農家所經營，以新鮮度為傲的鮮榨香檬果汁450日圓為必點品項。這裡的露天座位能遠眺被稱為坊主森（ボージムイ）的森林，坐在那裡望出去的景色超棒！倚躺在庭院裡的吊床上輕輕搖蕩的悠閒懶散也是一種奢侈的生活享受。

Ⓐ樹木圍繞中，感受到溫暖的氛圍。Ⓑ披薩800日圓。Ⓒ自停車場順著踏上木製階梯，就能來到咖啡廳。

Ⓐ於一角落展示販售食器。 Ⓑ芒果風味650日圓、草莓風味650日圓。自製糖漿有著果實口感且味道高雅。

01

瑠庵＋島色

るあんプラスしまいろ

中部 MAP P.172 E-3 ☎050-3716-4282 🏠うるま市与那城桃原428-2 ⏲11:00～17:00 🔒週二・週三（7～9月只休週三）🚗從沖繩北IC出發約21km Ⓟ有

將風味絕佳的刨冰盛入沖繩特色食器

按照冰塊的狀況仔細刨削出的刨冰，有著輕綿綿的絕佳入口即化度。島袋克史先生為這個刨冰所製作的食器，呈現出宮城島穩重的風土。與鮮豔的自製糖漿之間的對比更是美不勝收。

器皿與料理的美味關係

Yachimun Cafe

希望在咖啡廳裡也能感受到沖繩的「陶瓷器文化」。以沖繩風格配色描繪的器皿、極具個性的器皿、沖繩陶瓷器界裡的重量級器皿等，在此介紹料理人命運般邂逅沖繩在地燒製器皿的四間餐飲店。

02

TIMELESS CHOCOLATE

タイムレス チョコレート

中部 MAP P.172 E-2 ☎098-923-2880 🏠北谷町美浜9-46 ディストーションシーサイドビル2F ⏲11:00～19:00 🔒不定期休假 🚗從沖繩南IC出發約6km Ⓟ有

運用五感細細品味的巧克力

沖繩首間Bean to Bar*風格的巧克力專賣店。巧克力的原料僅有自各國進口的可可豆和嚴選蔗糖。於店內可以享用到使用剛做好的巧克力製作的自製甜點與飲品。

＊Bean to Bar：從挑選可可豆到製成巧克力的製程皆於同家店進行。

Ⓐ巧克力飲品、巧克力蛋糕各648日圓。 Ⓑ Ⓒ將依產地而風味各異的可可豆藉由自家烘焙帶出原豆個性。

❹時尚的店內以白色為基調。❺午餐的人氣菜單，當日午餐拼盤1296日圓。

03

mofgmona

モフモナ

中部 MAP P.170 D-1 ☎098-893-7303 🏠宜野湾市宜野湾2-1-29 🕘11:00～21:30 🔒週二 🚗從西原IC出發約3km Ⓟ有

傳遞沖繩魅力的咖啡廳

喜歡食器的店主秉持「用沖繩在地食器盛裝講究的料理與飲品」理念於2002年開店。在此可以享用到，以店主挑選的沖繩陶藝家製作的食器所盛裝的豐富沖繩縣產蔬菜與甜點。也可順便一訪位於同間大樓3樓的系列食器店。

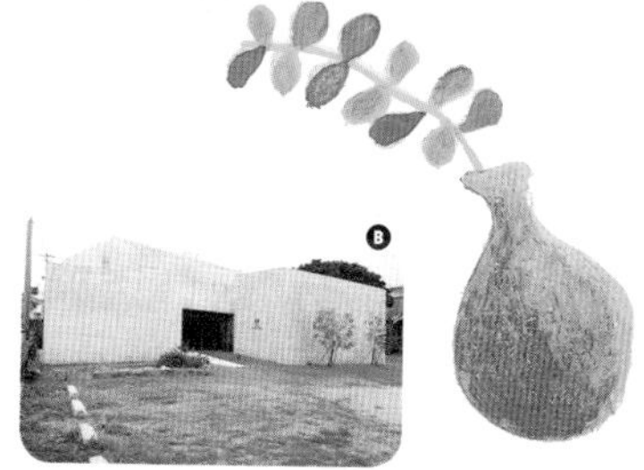

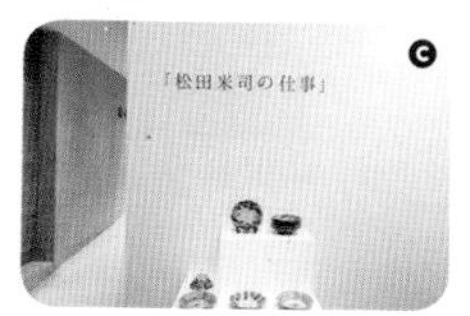

❹雞肉茄子咖哩1200日圓。❺美術館般的建築物。❻店名有著「陶、問、答」三個含意。希望人們懷抱好奇心找尋答案而取了這個名字。

04

tou cafe and gallery

トウ カフェ アンド ギャラリー

西海岸度假區 MAP P.173 B-2 ☎098-953-0925 🏠讀谷村伊良皆578 🕘11:00～18:00左右 🔒週日・週一（有可能臨時休假）🚗從沖繩南IC出發約12km Ⓟ有

樸實而洋溢親和力的松田米司先生製作的器皿為主角

以在やちむんの里設立工房的松田米司先生的食器來提供料理，甚至也併設展示松田先生的作品。要是能在這彷若美術館的空間度過短暫寧靜時光，離去時應該也能讓心靈變得更為富足一些吧。

01

CAVE CAFE

ケイブ カフェ

南部 MAP P.168 D-3 ☎098-948-4192
🏠南城市玉城前川202 ⏲9:00～18:00（L.O.17:30）🔒無休假 🚗從南風原南IC出發約6km Ⓟ有

若想一睹別的地方都看不到的風景

這間隱身在光線調節下產生獨特陰影的天然鐘乳石岩洞裡的咖啡店，令人不自覺為之屏息。店家位在可以跟著導覽參觀亞熱帶植物與洞窟的ガンガラーの谷入口，這裡也被認為是兩萬年前於此生活的「港川人」居住之地。在這裡一邊任由思緒馳騁於歷史，一邊度過愉快的咖啡時光也是不錯的選擇。

Ⓐ Ⓓ大推入口處的氛圍。 Ⓑ以風化珊瑚烘焙的咖啡具有香醇風味。 Ⓒガンガラーの谷的導覽團有人數限制（需預約）。2200日圓即可參加。

❹設有溜滑梯和爬竿的樹屋。令人不禁童心大起興奮起來。❺也有留宿時可與大自然愉快共處的住宿設施。❻帳篷酒吧（Tent Bar）裡有著圓形的吧檯。❼可品嚐到使用沖繩在地食材的料理。

02

ノーマンズランド

美麗海水族館周邊 MAP P.176 D-3
☎0980-56-1126 🏠今帰仁村謝名1331
🕘12:00～15:30（有變更的可能性）🔒不定期休假 🚗從許田IC出發約23km Ⓟ有 ※2018年冬季左右開幕。詳細狀況需電話確認

在樹屋裡喚醒內心深處的童心

自72號線轉進小徑，順著山路繼續前行數分鐘。遊牧民族帳篷裡的酒吧空間和樹屋等，孩提時代所夢見的世界於此延展。一攀登上建於琉球松上的樹屋，感覺就像是獨占了藍天、綠林與大海。供應由義大利主廚烹調的道地料理。於此秘境之地，盡情享受別處無法體驗到的奢侈放鬆時光。

前進令人連呼
「這是什麼 !? 」的秘境世界

Wonder Cafe

儘管是持續都市化的沖繩，也還有些地方仍舊保有自太古以來未曾改變過的景色。善用天然地形的拍照打卡景點，將其作為簡易咖啡店來利用這點，也令人感受到沖繩包容力之深闊。

酷似海外程度No.1的海邊街道

City Cafe @chatan

以大型摩天輪為地標的北谷，我以前多半是順道短暫到訪而已，但最近這裡陸續開了很多讓人「想特地造訪」的咖啡廳，所以現在北谷已成為我相當喜愛的街道了。在海景和街景之間取得絕佳平衡，咖啡廳的品質也都特別高。

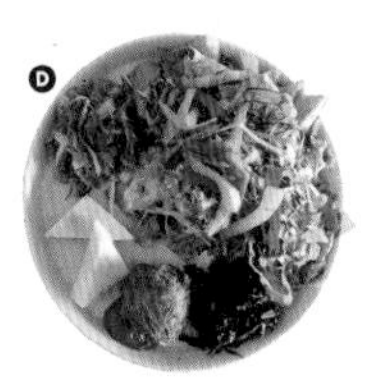

Ⓐ外國顧客也很多。 Ⓑ從早到晚有不同利用方式的一家店。 Ⓒ眺望眼前的大海。 Ⓓ每日更換菜色的4樣熟食拼盤1490日圓。

01

VONGO & ANCHOR

ボンゴ アンド アンカー

中部 MAP P.172 E-2 ☎098-988-5757 🏠北谷町美浜9-49 ベッセルホテルカンパーナ沖縄別館1F 🕘9:00～22:00（週六・週日、例假日為8:00～）🔒無休假 🚗從沖縄南IC出發約6km Ⓟ有

在咖啡廳內感受北谷街道魅力

在數間相鄰的ZHYVAGO COFFEE WORKS的姊妹店裡，當然有講究的咖啡，店內也供應餐點和酒。在天花板垂吊著乾燥尤加利的店內空間，彷彿海外咖啡廳一般洗鍊，而大海的風景更是令人心情為之一振。運用從波特蘭輸入的懷舊素材，店內手工製作的家具也十分舒適。

Ⓐ冰摩卡（中杯）561日圓、蛋糕每日替換。Ⓑ面向步行道路的露台座位。

02

ZHYVAGO COFFEE WORKS OKINAWA

ジバゴ コーヒー ワークス オキナワ

中部 MAP P.172 E-2 ☎098-989-5023 🏠北谷町美浜9-46 ディストーションシーサイドビル1F ⏲9:00～日落 🔒無休假 🚗從沖繩南IC出發約6km Ⓟ有

沖繩西海岸×美國西海岸為主題

宛若置身美國西海岸的工業風氛圍的咖啡專賣店。提供咖啡師細心沖煮的咖啡與絕佳佐搭的蛋糕。招牌菜單是最適合炎熱沖繩夏季的咖啡冰沙。面向海洋的甲板式露台擁有優美景觀，傍晚時分還可觀看沉入西海岸的美麗夕陽。

03

The junglila cafe & restaurant

ザ ジャングリラ カフェ アンド レストラン

中部 MAP P.172 E-2 ☎098-936-2118 🏠北谷町美浜54-1 マカイリゾート1-1 ⏲11:00～21:00（會變動）🔒無休假 🚗從沖繩南IC出發約5km Ⓟ有

洋溢著玩心，通稱鞦韆咖啡廳

大海就在眼前。海洋的美麗當然不用說，吧檯座位垂吊下來的多個鞦韆或鋪在地板的白沙也是一大壓軸。感覺就像是坐在沙灘上一樣。也有能享受到奢華露營（Glamping）氣氛的坐墊或沙發椅等，座位的種類相當多元。

Ⓐ打開露台門之後是半開放空間。Ⓑ加了大量的香蕉和綜合莓果的巴西莓果碗980日圓、雞尾酒900日圓。Ⓒ吧檯的座位是鞦韆。

小鎮巡禮的空檔小憩歇息

City Cafe @shuri（首里）

以首里城為中心擴展城下町的首里。這個能讓散步變得愉快的小鎮，並非只能在路過時「順道」去吃頓飯或喝杯茶，反而有不少間會想特地去一趟的店。在此介紹兩間具有咖啡廳或食堂的輕鬆氣氛，但味道卻是五顆星的店家。

Ⓐ菜單會定期整個大改，所以每次到訪都能享用到藝術般的各式佳餚。Ⓑ搭配由身為烘焙師的丈夫所烘焙的咖啡一起品嚐。

01

食堂黑猫

しょくどうくろねこ

首里 MAP P.171 C-3 ☎050-1300-3853 🏠那市首里赤平町2-40-1 3F ⏲9:00～17:00（L.O.16:00）🔒週二～週四 🚗從單軌電車儀保車站徒步約10分鐘 Ⓟ有

用五感來享用這藝術般的料理

「想推廣世界頂尖等級的墨爾本咖啡文化」而開始經營食堂。入圍墨爾本最佳咖啡廳美食大賞的主廚所烹調的創意料理，擁有漂亮的外觀、入口之後的驚喜感等壓倒性的品質。可以輕鬆品嚐的這點令人開心。

Ⓐ沖繩縣產烤豬肉佐黃芥末醬1200日圓。Ⓑ藉由活動來凝聚人們。Ⓒ店主五十嵐夫婦。

02

CONTE

コント

首里 MAP P.171 C-3 ☎098-943-6239 🏠那覇市首里赤田町1-17 ⏲11:00～17:00（L.O.16:00）🔒週一 🚗從單軌電車首里車站徒步約5分鐘 Ⓟ附近有收費停車場

重要的是人與素材之間的「連結力」

咖啡廳店名在法語裡為「故事」之意。正如其名，每個素材和室內裝潢都有著一個個的故事。除了可以享用到於沖繩食材有所堅持的午餐，能夠參與不定期舉辦的音樂饗宴等跨越隔閡的活動也是其魅力所在。

在深入了解沖繩魅力一事上，扮演了一個重要腳色的正是風格多元的咖啡廳。為了100%玩得盡興，預習更是不可少。

去海濱咖啡廳之前應事先確認這些事。

為了欣賞到這難得的海洋風景最美的時刻，先確認下面這三點吧。

☑方位

海濱咖啡廳分布密集的南城市面東，所以無法一睹日落美景。傍晚時分推薦至西海岸。

☑藍得美麗的時間帶

若想親眼目睹旅遊書中的湛藍大海，太陽剛好上升至正上空的10點～14點左右的時間最佳。

☑潮汐漲退時間

退潮時，淺灘海域會顯露出海底沙灘，海的顏色也會變黃。最好事先調查漲潮時間。

按區域考察咖啡廳的分布。

只要掌握地域特性，尋找咖啡廳就會變得更有樂趣。

☑俯瞰海洋系→南部

海岸線附近的地形高低落差大，有不少能從高台俯瞰一望無際海景的咖啡聽。

ex. カフェくるくま
→P.67

☑面向海洋系→北谷町

美國村靠海一側雖無沙灘，但是沿海咖啡廳林立。夕陽也是相當有看頭。

ex. VONGO & ANCHOR
→P.78

☑叢林系→本部半島

本部半島的某些森林咖啡廳並不適用於汽車導航。小心不要錯過幹線道路沿途的路標。

ex. Cafe ハコニワ
→P.73

現正增加中。沖繩產的咖啡

曾被說是難以栽培咖啡的沖繩，咖啡農園正在變多。

Hiro coffee farm
於山原兜風
途中
稍事歇息
使用
自家烘焙豆
並細心手沖

ヒロ・コーヒーファーム

山原 MAP P.178 E-4 ☎098-043-2126 🏠東村高江85-25 ⏰12:00～17:30 🔒週二・週三、不定期休假 🚗從許田IC出發約45km Ⓟ有

1 沖繩咖啡豆栽培先驅般的存在。雖然曾遭受颱風災害，現在則於店後的田地裡栽種沖繩在地咖啡樹。2 HIRO咖啡豆特調小杯500日圓～ 3 可愛柔和色調的小小咖啡站。

前往位於大宜味村的工房，一間由夫妻倆攜手製作陶器的田村窯（P.99）。能直接向陶藝家購買陶器令人感到開心。

Okinawa the best time

IN THE

Afternoon

14:00 - 18:00

沖繩有很多店是下午才開門營業，要逛街購物最好選擇下午開始。大～熱天裡可以到ガンガラーの谷或東南植物樂園裡，在環繞的綠蔭中避暑、享用色彩繽紛的南洋飲品或紅豆白玉湯圓甜湯來消暑！

Best time!

14:00

my best shop是這5間和這路線。

港川外人住宅 2H定勝負

將美軍相關人員曾居住的住宅改建成的店鋪並不少，但是咖啡廳和商店分布如此密集的就只有港川。

01 要想知道 made in 沖繩的「現在」就要先到這裡

■1 凸凸製作所的高足器皿。 ■2 琉球張り子（沖繩紙糊童玩）。 ■3 Ryukyu rogua蠟燭1296日圓。 ■4 ■5 店內商品多為萩原店主親訪陶藝家後帶回的作品。

Proots
ブルーツ

沖繩大雜燴文化的有趣之處濃縮於此

沖繩「手工事業」，店內也販賣成長中的年輕陶藝家作品。也有只在這裡才能買到的沖繩食品或伴手禮。

MAP P.170 F-3 ☎098-955-9887 🏠浦添市港川2-16-7 ⏲10:30～18:30 🔒週三 🚗從西原IC出發約6km Ⓟ有

02 島上最時尚SPOT

PORTRIVER MARKET
ポートリバー マーケット

好好花些時間Let's購物撒錢！

原為BEAMS工作人員的夫妻倆所挑選的食衣住優質商品為數眾多。沖繩食材的有機果昔也很好吃！

→P.106

■1 只有這裡才買得到的「ハロイナ」耳環1620日圓～ ■2 原創品脫杯（Pint Cup）1728日圓。

03 買到就算幸運♡的天然酵母吐司

ippe coppe
イッペコッペ

安心安全卻又確實美味的麵包

除了使用國產小麥與天然酵母的「每天吃不膩的麵包」外，店主妻子所做的司康也有很多擁護者。 →P.43

■1 ■2 外層焦酥，內層濕軟的司康，各350日圓～ ■3 僅使用北海道產小麥、大宜味村的天然水、鹽與天然酵母的山型吐司。1條330日圓。

★★★ 港川外人住宅停車場只接受每家商店停靠1～2台外訪車，若要到處逛的話可利用計時投幣停車場。

以不減的高人氣自豪的瑪格麗特披薩1200日圓。

05 肚子餓了的話 就快點來吃拿坡里披薩

Secondo Casa
セコンドカーサ

外人住宅裡的道地義大利披薩

從石窯裡不停出爐的披薩相當受歡迎。以輕薄餅皮為目標揉製麵團，女性顧客也能吃掉一整個！

MAP P.170 F-3 ☎098-914-3334 浦添市港川2-13-7#41
11:30～15:00、18:00～22:00 不定期休假（需確認）從西原IC出發約6km Ⓟ有

只要是購自港川外人住宅商店的商品，亦可攜入店中飲食。

06 若想稍事休息 就來杯烘焙咖啡

OKINAWA CERRADO COFFEE Beans Store
オキナワセラードコーヒー ビーンズストア

可以購買咖啡豆&咖啡外帶！

烘焙職人末吉先生會依據顧客喜好而給予沖煮建議。冰咖啡500日圓。

MAP P.170 F-3 ☎098-875-0123 浦添市港川2-15-6#28
12:00～18:30 例假日 從西原IC出發約6km Ⓟ有

04 挖掘出！寶物！

AMERICAN WAVE
アメリカン ウェーブ

品味出眾的Vintage品牌商店

一年從美國進口數次的Vintage商品，每個都是能輕鬆融入日常生活的東西。

MAP P.170 F-3 ☎098-988-3649
浦添市港川2-16-9 12:00～20:00
無休假 從西原IC出發約6km Ⓟ有

1 品項完整的Fire King杯盤也很傑出。 2 1950年代的T恤1萬2960日圓。 3 刺繡襯衫7560日圓。 4 店主David先生目光精準挑選的商品。 5 Vintage廚房手巾各3240日圓。

6 7 8 9 10 11 12 13 14 15 16 17 18 19 20 21 22 23 0

Best time!

14:00 可實際大玩特玩，鄰近街道的海灘

設備完善齊全，而且還可體驗海灘烤肉和逛街。

盡情暢遊美國氛圍的街道與海灘

大自然中未受文明侵擾的寬闊天然海灘雖然很棒，但實際去到海邊遊玩就會發現有很多令人在意的事情。「淋浴間跟洗手間呢？」、「肚子餓了怎麼辦？」、「可以安全戲水嗎？」等等。這時候，若是這種鄰近街道的海灘，就能輕便地順道一遊，也容易配合其他預定行程，真的是方便很多。

這裡的居住者以外國人居多，令人感覺像是置身海外的安良波海灘（アラハビーチ）是擁有長約600公尺白色沙灘的新興海灘。不但結合公園，還設有完善的BBQ設施，連食材也能幫忙準備，就算空手而去也能玩得愉快。因為海灘周邊鄰近美濱美國村等不少商業設施與咖啡廳，到喜愛的店家裡買來美食，帶到海邊以野餐的心情大快朵頤也非常不錯。

★★★ 安良波海灘的BBQ，只要租借遮陽棚和訂購食材，就能免費借用瓦斯和釜鍋。

6
7
8
9
10
11
12
13
14
15
16
17
18
19
20
21
22
23
0

如果時間充裕的話…

+ BBQ party

若為多人出遊，BBQ也是個不錯的選擇。由於自備食材的烤肉區不能透過電話預約，可利用附帶食材的方案。

☎098-936-9442 🏠アラハビーチ内 ¥每人食材費用2000日圓～（15名～。舉辦日兩個月前的月初開始受理預約）

+ Picnic

坐在樹蔭下，眺望著海洋野餐。開車5分鐘內的範圍內就有不少好吃的餐飲店。

VONGO & ANCHOR
→P.78

雞肉與塔塔醬組合的炸雞三明治1274日圓（單買）。

盛放4樣熟食的熟食餐盤1490日圓。大量生菜的午餐時間！

濃縮咖啡的冰凍飲品，巧克力瘋狂奶昔（マッドシェイク）。

アラハビーチ

能夠積極暢遊的城鎮海灘

園區內的公園有籃球場，也有能作為戶外遊戲場所的實物大小海盜船！已成為當地居民的休憩場所。

中部 MAP P.173 B-4
☎098-926-2680（アラハビーチ救難所）🏠北谷町北谷2-21 🕘9:00～17:30（依時期而異）🔒開放期間無休假（游泳期間4月下旬～10月底）🚗從北中城IC出發約7km Ⓟ有

Best time!

14:00

若只是白白路過國道58號就太浪費了！

在古董SHOP尋找寶物

以宜野灣市大山為中心，有不少古董二手商店林立。從美軍讓售的大型家具到Fire King品牌的器皿，若是有找到心目中的寶物請及時做決定。

❶ 大型家具也輕鬆寄送

美軍脫手的沙發或桌子等大型家具，也可安排運送至沖繩縣外。

❷ 與商品的邂逅都是一期一會

家具也好雜貨也好，大多都是庫存有限。遇到動心的商品就應當機立斷。

CHICAGO ANTIQUES on ROUTE58

シカゴアンティークス オン ルート58

罕見的古董商品為數不少

Fire King的Turquoise Blue杯盤或迪士尼系列杯子之齊全更是首屈一指。由於是從美國直接進口，價格也比較能壓低。

中部 MAP P.170 D-1 ☎098-898-8100 宜野湾市真志喜1-1-1 ⊙11:00～19:00 無休假 從西原IC出發約5km Ⓟ有

1 廣告或商標招牌看板等也很多元。 2 粉絲都想要的迪士尼系列。 3 Fire King的Kimberly Mugs種類也很豐富。 4 Jadeite當然也有，Turquoise Blue或Ivory系列也有販售。 5 BIGBOY的紙杯1080日圓（4個）。 6 PYREX的法國烤鍋各3240日圓。 7 Moderntone的杯子5400日圓。 8 香檳粉杯子4320日圓。 9 Kimberly系列碗3240日圓。 10 黛西馬克杯9720日圓。 11 60年代的Fire King「TACO TIME」3萬2400日圓。 12 Kimberly系列杯3240日圓。

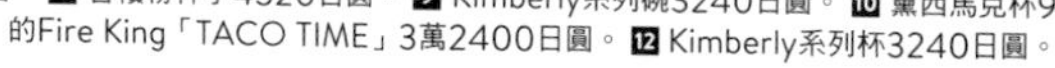

★★★ 宜野灣市大山的古董家具雜貨街不只在國道58號線有，公路後面的路也有多間店舖。古著店鋪也數間並立。

PEARL.
パール

女孩子會喜歡的古董雜貨在這裡！

販售在美國買的家具、照明、雜貨等。店內擺放方式也很有品味，看了之後湧現室內擺設的靈感也是旨趣所在。

中部 MAP P.173 A-5 ☎098-890-7551 宜野灣市大山4-2-6
10:00～18:00 無休假 從西原IC出發約7km P無

1 1950～60年代的雜貨很多。 2 鏡子、時鐘和裱框畫等都是商品。 3 商店的外觀特徵是白色牆面。從中展現出時尚的氣氛。 4 店內商品從室內裝飾雜貨到大型家具都很齊全。 5 Fire King的商品之外，也有世紀中期現代主義風格的雜貨。

UNCLE SAM
アンクル サム

美式中古家具十分充實！

店內以美軍脫手轉售的商品為首，美國尺寸的沙發、桌子和書架等一字排開。商品已完成維修保養，合理的價格也相當令人開心。

中部 MAP P.173 A-5 ☎098-898-6164 宜野灣市大山6-1-3
10:00～19:00 無休假 從西原IC出發約6km P無

1 雖然外觀簡單，卻總引人心生幾許懷舊之感。 2 發現接上類比電路就可使用的轉盤電話！5500日圓～ 3 店門前也陳列了商品。大多都只有一個，若有喜歡的商品就要快點出手！ 4 相當有歲數的懷舊時鐘。3500日圓～ 5 該店位在以古董家具雜貨街之名為人所知的國道58號沿線。

3 2

Best time!

14:00

在地素材變身成拍照打卡熱門飲料！

以南洋風水果飲料
輕鬆補充維他命

大～熱天午後想要消暑的話，南洋水果是最佳選項。無可挑剔的視覺效果，可以立即拍照上傳社群網路！

1

6 5

4

1 百香果和紅肉火龍果的雙層okinawa島果昔702日圓。清爽而風味濃厚Ⓑ。 2 改建自老民房的店鋪俯拾皆成畫！Ⓑ 3 九重葛於庭院中盛放Ⓑ。 4 鮮豔雙色的芒果&火龍果果昔900日圓Ⓐ。 5 店外與樓頂都是絕佳拍照地點Ⓐ。 6 現點現做的果汁飲料不僅視覺佳，味道也是道地美味Ⓐ。

Ⓒ アセローラフレッシュ

西印度櫻桃的水果輕食店

1顆西印度櫻桃的維他命含量竟等同5顆檸檬！5～11月左右是產季。也販售適合作為伴手禮的加工食品。

美麗海水族館周邊 MAP P.176 D-3 ☎0980-47-2505 本部町並里52-2 ⏲9:00～17:00 無休假 從許田IC出發約20km Ⓟ有

Ⓑ okinawasun
オキナワサン

繽紛多彩的飲料小站

從山原或本部地區的無農藥農家批發水果，使用這些水果製作出來的果昔風味濃郁。光是踏進這家色彩豐富的店鋪就令人感到開心！

美麗海水族館周邊 MAP P.177 C-2 ☎090-9473-0909 本部町備瀬224 ⏲13:00～17:00 週日・週一、不定期休假（例假日休假與否於facebook公告）從許田IC出發約28km Ⓟ有

Ⓐ MAGENTA n blue
マジェンタ ン ブルー

粉紅色屋頂為外觀特徵

使用南洋水果製作成果昔等飲料，每個都很適合拍照打卡。店裡也有很多可用來拍照的小東西。

西海岸度假區 MAP P.175 C-3 ☎080-2540-7373 恩納村瀬良垣1780 ⏲9:00～19:00 無休假 從屋嘉IC出發約7km Ⓟ有

★★★ 在Ti-da Beach Parlour，只要事先告知就會為顧客在果昔上面擺放一個指定的大寫字母或愛心形狀的水果。

7 左為燕麥&藍莓，右為菠菜綠蔬果昔各840日圓Ⓓ。 8 水果切片可愛變身！410日圓～（時價）Ⓔ。 9 有機火龍果&沖繩芭蕉果昔700日圓Ⓕ。 10 左為西印度櫻桃汁400日圓，右為西印度櫻桃果汁冰沙500日圓Ⓒ。 11 在港川漫步的空檔Ⓕ。 12 飯店自家農園熟成水果製成的果昔。香蕉、木瓜各1080日圓Ⓖ。 13 火龍果果昔972日圓Ⓔ。

Ⓕ PORTRIVER MARKET

ポートリバー マーケット

→P.106

Ⓖ THE UZA TERRACE BEACH CLUB VILLAS

ジ ウザテラス ビーチクラブヴィラズ

→P.159

Ⓔ Ti-da Beach Parlour

ティダ ビーチ パーラー

充分展現店主格調的一家店

使用店主直接自市場進貨的當季水果製作而成的果昔，最後會再點綴上穀麥和造型水果，分量超值！

那霸 MAP P.180 E-2 ☎098-894-8828 🏠那霸市牧志2-7-18 🕘12:00～18:00 🔒不定期休假 🚗從單軌電車牧志車站徒步2分鐘 Ⓟ無

Ⓓ 1.5gakuya[ocean]

イッテンゴガクヤ オーシャン

水果斷面萌到少女心大發

使用沖繩蔬菜或水果的多彩蔬果昔十分受歡迎。不使用冰塊，所以水果風味濃郁且新鮮！喝起來也相當具有滿足感。

美麗海水族館周邊 MAP P.176 D-5 ☎0980-43-5115 🏠名護市屋部30-3 🕘11:00～22:00（果昔售完即提早關店，故需詢問） 🔒週三 🚗從許田IC出發約11km Ⓟ有

Best time!
14:00

只去首里城就太可惜了。
悠閒散步於首里城+首里小鎮

漫步於城下町的石板路 穿越時空到古代

建立於13世紀末到14世紀，曾為琉球王國時代的政治與文化中心地帶的首里城。穿越過數道莊嚴的大門之後出現於眼前的正殿，巧妙融合日本與中國風格的獨特建築樣式，鮮豔的朱紅色和沖繩蔚藍的天空非常地相襯。

換上一襲琉球當地服飾於守禮門前拍張紀念照……也是不錯的選項，但是首次到訪的話，推薦務必參加一天舉辦6次的免費導覽服務來參觀首里城，應該就能更加深刻地認識這裡。若是第二次之後的到訪，就不只首里城，也可以前去城下町散散步。飄散著高潔而沉靜氛圍的首里小鎮，有不少隱身於巷弄裡的咖啡廳或歷史遺跡。新的事物與舊有的事物在這裡相互交織。

不妨悠哉漫步於小鎮古道，一發思古之幽情？

1 穿上琉球服飾，在守禮門前留下紀念照片（收費）。**2** 正殿內大庫理的御差床（國王的王座）。國王與其親屬曾使用的空間。**3** 每週三、五、六、日與例假日會在免費開放的「系図座・用物座」場地表演琉球舞蹈。**4** 正殿和守禮門於每天日落至半夜十二點之間都會點燈。

首里城公園
しゅりじょうこうえん

其存在即為琉球王國歷史本身

諾大的園區內留有守禮門與園比屋武御嶽石門等歷史遺跡，公園一部分已登錄為世界遺產。

首里 MAP P.171 C-3 ☎098-886-2020 🏠那覇市首里金城町1-2 ⏲4～6、10、11月8:30～18:30、7～9月～19:30、12～3月則至17:30 🔒7月第1個週三與隔天 ¥820日圓 🚗從單軌電車首里車站徒步約15分鐘 Ⓟ有（收費）

★★★ 如果想要悠哉地來趟首里城公園巡禮，推薦可以在12～14點、17點以後，這兩個訪客較少的時段前往。

悠哉遊首里

這就是MY BEST

不論何時來此都很
寧靜的成人步道♪

琉球王國時代，曾於龍潭設宴款待中國皇帝派來的使臣。中國式的庭園造景為其特徵。

個人最喜歡相隔龍潭遙望首里城。這也是首里八景之一。
Ⓑ龍潭

保留從前的多數風景，能夠從中感受懷舊之情的首里街道。風獅爺至今也仍保護著城鎮。

以建於朱紅之城・守里城入口的守禮門為起點。作為兩千圓日幣紙鈔上的圖像而聞名。
Ⓐ首里城公園・守禮門

有不少不定期
舉辦的活動

將烘烤得香酥的
金楚糕作為伴手禮

建於1501年的陵墓，歷代琉球國王沉眠於此。為縣內最大破風墓（三角屋頂墓室）名列世界遺產。
Ⓔ玉陵

活用沖繩縣產食材的料理與多采多姿的活動集聚人群的CONTE。散步的空檔於此享用午餐。
ⒹCONTE

位於小巷道的武村松月堂的香蕉蛋糕非常美味！這裡的金楚糕也相當別具風味。
Ⓒ武村松月堂

遭戰火燒毀的教會歷經數十年光陰修復。使其得以在今日呈現當時樣貌。

可愛的花兒
隨處綻放

道路兩旁
也有紅瓦民房

石板路途中，有著紅瓦屋頂的免費休息場所。可以坐在檐廊悠閒休憩，也可以借用洗手間。
Ⓗ首里金城村屋

一邊散步，一邊眺望這些為城鎮增添色彩的花朵。石板路和樓梯較多，建議穿著容易步行的鞋子。

樹齡推測200年以上的茄冬樹。為國家指定天然紀念物。作為能實現願望的神木而備受愛戴。
Ⓖ首里金城の大アカギ

闢建於琉球王國時代的石板路，作為自首里城通往南部地區的「真珠道」。現存約300m維持當時風貌。
Ⓕ首里金城町石道

Ⓐ首里城公園・守礼門 しゅりじょうこうえん・しゅれいもん→見右頁 Ⓑ龍潭 りゅうたん MAP P.171 C-3 ☎098-886-2020 那覇市首里真和志町 自由參觀 從單軌電車首里車站徒步約15分鐘 Ⓟ有（收費） Ⓒ武村松月堂 たけむらしょうげつどう MAP P.171 C-3 ☎098-884-4793 那覇市首里鳥堀町1-16 不定期休假 從單軌電車首里車站徒步約5分鐘 Ⓟ無 ⒹCONTE コント→P.80 Ⓔ玉陵 たまうどぅん MAP P.171 C-3 ☎098-885-2861 那覇市首里金城町1-3 9:00～17:30 無休假 ¥300日圓 從單軌電車首里車站徒步約15分鐘 Ⓟ無 Ⓕ首里金城町石畳道 しゅりきんじょうちょういしだたみみち MAP P.171 C-3 ☎098-917-3501（那覇市市民文化部文化財課）那覇市首里金城町 從單軌電車首里車站徒步約20分鐘 Ⓟ無 Ⓖ首里金城の大アカギ しゅりきんじょうのおおアカギ MAP P.171 C-3 ☎098-917-3501（那覇市市民文化部文化財課）那覇市首里金城町 從單軌電車首里車站徒步約20分鐘 Ⓟ無 Ⓗ首里金城村屋 しゅりかなぐしくむらやー MAP P.171 C-3 ☎090-1348-2070（首里金城町自治会）那覇市首里金城町 從單軌電車首里車站徒步約20分鐘 Ⓟ無

Best time!

15:00

吹拂雙頰的微風令人心情愉悅！

騎乘與那國馬
沿海散步

和溫馴的馬匹一起散步感覺就像是電影明星？

個性耿直而溫和。咖啡色的鬃毛再加上溫柔的目光。「好想像電影裡一樣在海邊騎著馬散步」，懷抱著樣的想法，首次邂逅與那國馬，那近乎一見鍾情的感覺，至今仍記憶猶新。在沉靜祥和的天然海灘．百名海灘接受數分鐘的授課，終於開始騎乘馬匹。一乘坐到馬背上，視野隨即變高，光是

★★★ 夏季的海中騎馬（海馬遊び）費用為一人1萬5000日圓，兩人一起參加則減免為一人9500日圓，相當超值。因為會嘩啦嘩啦步入海中，請穿著濕掉也無所謂的長袖防曬衣等。

那樣就令人備覺爽颯！當自己的呼吸與腳下「喀噠、喀噠」邁開步伐的馬兒合而為一時，內心總會得到一股療癒，因而忍不住覺得感動。

如果想更積極的和馬匹有所互動的話，請務必在溫暖時節來參加體驗。和冬季舉行的海邊騎馬散步不同的是，夏季的海中騎馬可以乘著馬兒到海水裡半浮潛！騎著馬兒在海中嘩啦嘩啦划水漫步，或是試著輕曳著馬尾暢快於海水中前進，體驗其精彩之處吧！這些從與那國島遠道而來的馬匹，應該能讓大家體會到至今未曾有過的海邊戲水之樂。

うみかぜホースファーム

於海邊乘馬散步並感受海風

與那國馬是日本最邊陲的與那國島自古以來的原生馬。個頭偏小但個性溫馴，沒騎過馬的人也可以輕鬆參與。

南部 MAP P.168 E-3 百名ビーチ（集合地點需於預約時確認）海邊騎馬（ビーチライド）10月下旬～5月上旬期間。行程時間估計約1小時（所需時間為90分鐘）不定期休假 ¥海邊騎馬1萬4000日圓 從南風原南IC出發約12km Ⓟ有 URL www.yonaguniuma.com/umikaze

6
7
8
9
10
11
12
13
14
15
16
17
18
19
20
21
22
23
0

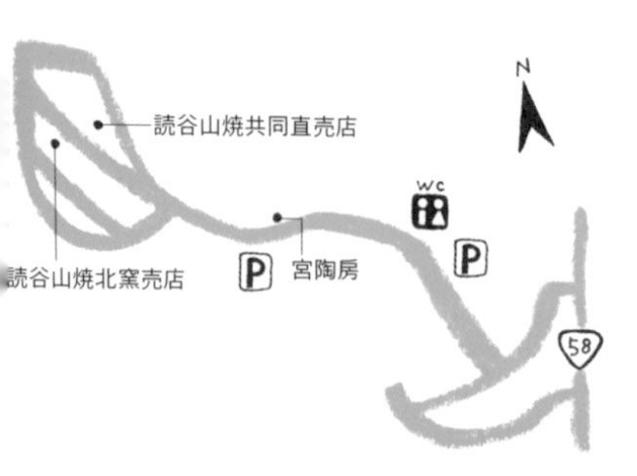

Best time!

15:00

為它的樸實可愛程度折服！

超隱匿的やちむんの里 備受寵愛的POINT

擁有廣闊胸襟接受新事物的沖繩陶瓷器世界

沖繩方言裡，「やちむん」意指「沖繩陶瓷器」，並非是觀賞用的「藝術陶藝」，而是用在日常生活中，讓每天的生活更顯繽紛多彩。那樸實的質地拿在手上時的手感真的很棒，所以當我發現時，家裡的碗櫥裡幾乎都是沖繩陶瓷器……。

已故人間國寶金城次郎，於1974年將陶窯自壺屋移至讀谷村開始，「やちむんの里」至今已經是集結十多家陶瓷工房的「沖繩陶瓷聖地」。沖繩縣內最大規模的北窯・登り窯，成為やちむんの里的地標，威風凜凜地佇立於此。個人最喜愛的是北窯的四個師傅所製作，在守護傳統的同時不忘懷抱玩心的作品。於北窯拜師修業，在山原地區開建陶窯的田村窯的作品，也散發著「次世代的沖繩陶瓷器之姿」，令人難以轉移目光。

IN THE **Afternoon** (14:00-18:00)

MY BEST 購買沖繩陶瓷器SPOT 關於「北窯売店」

陳列著松田米司、松田共司、宮城正享、與那原正守的作品。13連房的登り窯一年會進行四次的焚窯，三天三夜持續添薪燃燒，再花費四天冷卻取出……。自然的力量能燒製出每一個擁有不同面貌的陶瓷器。

★★★ 田村窯現正於登り窯築窯之中。在不久的將來，也許能看到在登り窯中燒製出來的沖繩陶瓷器也不一定？

北窯出身「田村窯」的魅力

田村夫婦於北窯積累修業後自立門戶，來到山原開建陶窯。這些樸實而具有力道，不論日式、西式料理都很相襯的洗鍊陶瓷器，彷彿反映了兩人的人品。

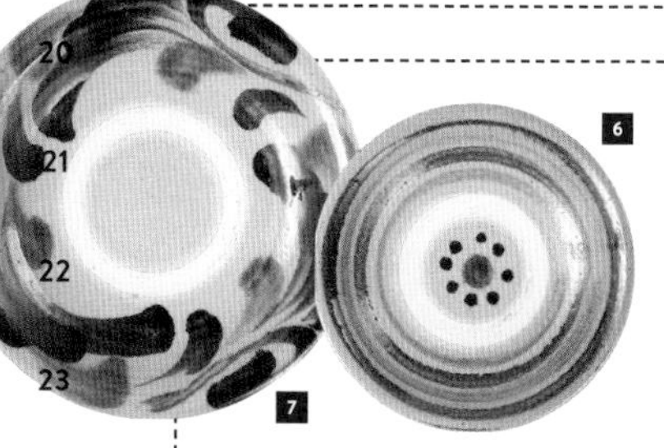

田村窯
たむらがま

山原 MAP P.179 C-4 ☎0980-44-1908 🏠大宜味村津波57-2 ⏲10:00～18:00（12:00～13:00為午休）🔒不定期休假 🚗從許田IC出發約24km Ⓟ有

1 5.5吋（16.5cm）小陶瓶4860日圓，作為花器也很棒！ 2 4 碗（マカイ）970日圓～ 3 6 有著成熟時尚的圖繪紋飾，與任何料理都很搭的7吋器皿（21cm）3020日圓。 5 橫條紋花樣顯得時尚，帶點北歐風格的有蓋食器2160日圓～

關於FES「陶器市集」的資訊

「読谷山焼陶器市」是每年12月中旬舉辦的冬季一大活動。由於可用便宜2～3成的優惠價格，買到各工房前面擺放的沖繩陶瓷器，所以全國的沖繩陶瓷器粉絲都會蜂擁而至。第一天中午前是搶購關鍵！

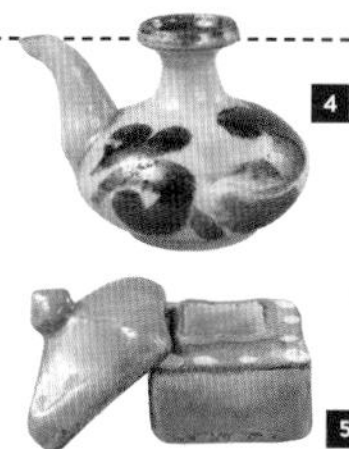

読谷山焼北窯売店
よみたんざんやき きたがまばいてん

西海岸度假區 MAP P.173 B-2 ☎098-958-6488 🏠読谷村座喜味2653-1 ⏲9:30～17:30 🔒不定期休假 🚗從石川IC出發約10km Ⓟ有

1 咖啡杯組3240日圓。 2 3 宮城正享做的5吋（15cm）碗各1620日圓。 4 沖繩的酒瓶「カラカラ」2376日圓。 5 香合*2160日圓。 6 6吋（18cm）盤子1944日圓。 7 8吋（24cm）器皿3780日圓。

*香合：用以收納香木片、香餅或香丸等薰香用品。為茶道之薰香用品。

Best time!
15:00

不再受限的沖繩陶瓷器。陶藝家們美感大爆發。
此刻，出自陶藝家之手的器皿正百花齊放♡

最近此處的沖繩陶瓷器文化，已經豐富多元到難以適用於過往的定義。在此介紹幾位個人十分喜愛，受到沖繩這片土地影響而萌發各自創作個性的陶藝家。

❶❷ 可以作為取餐盤、甜點盤的方盤。保有沖繩陶瓷器風格的同時，又具時尚感。2160日圓Ⓐ。❸ 鮮豔的格紋長形盤3460日圓Ⓐ。❹ 結合紅型染創作家圖紋設計的「紅型陶器」系列。平盤5000日圓～Ⓑ。❺「夢之中」系列的咖啡歐蕾碗3500日圓～Ⓑ。❻ 橢圓餐盤5000日圓～Ⓑ。❼ 圖案都不同的筷架700日圓Ⓒ。❽ 尺寸略小的馬克杯。胖嘟嘟的鳥兒相當可愛3024日圓。❾ 時尚而兼具柔和感。2484日圓Ⓒ。❿ 讓餐桌顯得繽紛的杯子2808日圓～Ⓓ。

★★★ tituti OKINAWAN CRAFT的經營團隊成員包含金城有美子等沖繩工藝創作家。偶爾還能碰到陶藝家現身店內！

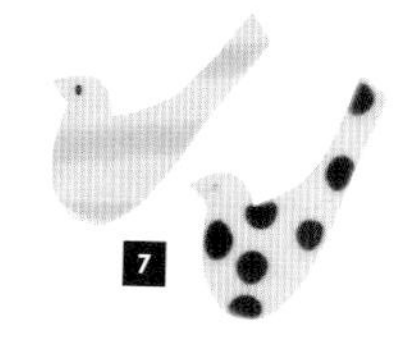

10

Ⓐ 一翠窯

いっすいがま

將沖繩的土變成繽紛陶器

高畑伸也陶藝師所製作的是具有北歐要素的時尚器皿。不論是和式、西式料理都很合適。

西海岸度假區 MAP P.173 A-1 ☎098-958-0739 🏠読谷村長浜18 🕘9:00～18:00 🔒無休假 🚗從石川IC出發約10km Ⓟ有

Ⓑ atelier+shop COCOCO

アトリエ プラス ショップ ココココ

建於寬廣草地上的陶藝工作室

繪製上紅型圖紋的紅型陶器，出自Yokoi Masashi（ヨコイマサシ）先生獨特的世界觀。

南部 MAP P.168 D-3 ☎090-8298-4901 🏠南城市玉城當山124 🕘11:00～17:00 🔒週二・週三 🚗從南風原南IC出發約7km Ⓟ有

Ⓒ 凸凸製作所

とつとつせいさくしょ

令人不自覺露出笑容的設計

畫上可愛鳥兒的器皿，獨特卻又不會過於彰顯的設計，日常就能使用。

＼這裡買得到／

Proots→P.84
プルーツ

Ⓓ 金城有美子

きんじょうゆみこ

令人思及沖繩大海與天空的器皿

用多彩的器皿來呈現沖繩大自然。推薦其不平滑的質感。

＼這裡買得到／

tituti OKINAWAN CRAFT
ティトゥティ オキナワン クラフト

那覇 MAP P.180 D-1 ☎098-862-8184 🏠那覇市牧志2-23-6 🕘9:30～17:30 🔒週四 🚗從單軌電車美栄橋車站徒步約6分鐘 Ⓟ無

Best time!
15:00

不容小覷的王道景點。

想要盡情徜徉於 東南植物樂園的綠之海

蓮花清香綻放於6～8月。於一早前來觀賞盛開之美，更是別緻。

綠玉藤在3～5月會綻放翡翠般色澤的美麗花朵。

夏威夷或太平洋諸島都看得到的艷麗紅薑花。

於戶外茁壯的大株仙人掌和龍舌蘭，可一窺植物園歷史。

雨水為濃密綠林映照上一層光暈，也很推薦這樣的雨後植物園。

山牽牛於店家門前盛開，以懷舊之姿歡迎蒞臨。

扶桑花之路（アカバナー通り）上的扶桑花全年盛開。

水上樂園入口旁有個大型噴水池。充滿異國情調！

被稱為「観音アヒル」（又稱紅面鴨）的沖繩鴨子。

日本境內僅有此處才看得到的絕美風景

雖然時常在旅遊書上看到，卻還是會選擇性地跳過像**東南植物樂園**這種「王道景點」的人，應該不算少數吧？那真的是非常可惜！在本島只能於溫室看到的南洋植物，在這裡**茂密叢生**得令人吃驚，更壓軸的，就是觀賞**亞歷山大椰子樹林道**，看那高達15公尺的椰子樹一齊聳立雲霄。只要漫步在這被濃密綠蔭環繞的園區內，就會覺得身體進行了一次又一次的深度呼吸。

東南植物楽園

とうなんしょくぶつらくえん

欣賞各個季節裡的植物風貌

分成了蓮花爭艷盛開的大池塘一側水上樂園，還有以綠色林地相迎的植物園。

中部 MAP P.173 C-2 ☎098-939-2555 沖繩市知花2146 ⏲9:00～17:00（週五・週六、例假日前一天至21:00）無休假 ¥1500日圓 從沖繩北IC出發約3km Ⓟ有

★★★ 在面對面接觸廣場可以觸摸到水豚或松鼠猴。帶小朋友來這裡應該也會玩得很開心。

6
7
8
9
10
11
12
13
14
15
16
17
18
19
20
21
22
23
0

於悠久歷史中茁壯的景觀。作為療癒身心名勝而為人所知。

Best time! 08:00-17:00

不住宿也能擁有雀躍的愉快時光。想來趟放鬆之旅，就要徹底活用飯店

IN THE **Afternoon** (14:00-18:00)

08:00

ぬちぐすい「命之藥」早餐 排除體內毒素。

×

ホテル日航アリビラ

ホテルにっこうアリビラ

令人聯想到南歐度假區的ホテル日航アリビラ（Hotel Nikko Alivila），可以在這裡享用對身體溫和的「ぬちぐすい御膳」早餐，開始嶄新的一天。在沖繩，三餐被稱為「ぬちぐすい（命之藥）」，以「醫食同源」的思想被傳承下來。將這些來自島嶼的恩惠作為早上的第一餐，每樣少許地一次享用到這些料理。主廚直接在面前製作的「海葡萄 水雲醬油蓋飯」或「高湯玉子燒蓋飯」為必點料理。

info

■ぬちぐすい御膳3100日圓 ■日本料理・琉球料理「佐和」■預約受理至前一天21點 ■1天限定40份

西海岸度假區 MAP P.173 A-1
☎098-982-9111 🏠読谷村儀間600
🚗從沖繩南IC出發約18km Ⓟ有（收費）

從HOTEL Moon Beach的棧橋乘坐噴射快艇（Jet boat）約15分鐘，即可來到這個有著絢麗花卉、鳥兒與熱帶魚，保留著原始自然風光的ヨウ島。「野餐導覽旅遊」包含了浮潛、BBQ以及生態旅遊等，可以暢遊無人島。

09:00

出發前往無人島野餐＆浮潛。

×

HOTEL Moon Beach

ホテル ムーン ビーチ

→P.161

info

■長時間停留方案
■10:00～16:30
■1萬2000日圓
■BBQ午餐／浮潛／島內生態旅遊／包含吊床的使用費

★★★ HOTEL Moon Beach的ヨウ島野餐導覽旅遊也有9:00～13:30的短時間停留方案。午後也能玩得盡興。

13:00
大口咬下 有名的巨無霸 漢堡。
×
ルネッサンス リゾート オキナワ

飯店內的活動設施相當充實的ルネッサンス リゾート オキナワ，午餐可以選擇在泳池畔的自助速食店大快朵頤。1天限定20個的稀少菜單「尖山漢堡」也很適合拍照打卡。和旅伴們一起共享並大口咬下吧！

西海岸度假區 MAP P.175 A-3 ☎098-965-0707 恩納村山田3425-2 從石川IC出發約4km Ⓟ有

info
■店名「TIP TOP」■11:00～17:00（視季節營業）■タッチューバーガー（尖山漢堡）1700日圓

info
■訪客使用泳池3000日圓 ■3月底～10月底 ■泳池畔酒吧7月中旬～8月底營業

11:00
在花園泳池中 盡情暢遊。
×
オキナワ マリオット リゾート & スパ

想到泳池暢快戲水的話，就要到沖繩縣內最大級的泳池。溜下長達47.5m的長型滑水道之後，來到氣泡按摩池放鬆身體。個人也很喜歡能泡在泳池裡享用南洋飲料的池畔酒吧。

西海岸度假區 MAP P.174 D-2 ☎0980-51-1000 名護市喜瀬1490-1 從許田IC出發約4km（有機場接送巴士）Ⓟ有（收費）

17:00
以LUXE的SPA 讓身心 都獲得舒展。
×
ザ・リッツ・カールトン沖繩
ザ・リッツ・カールトンおきなわ
→P.157

旅程的尾聲可到奢華飯店享受至上SPA。這裡的SPA館建在美麗庭園小徑的盡頭，用到很多色彩豐富的琉球產品或小工具。運用艷山薑與艾草等天然素材的SPA療程是只有這裡才有的特別體驗。

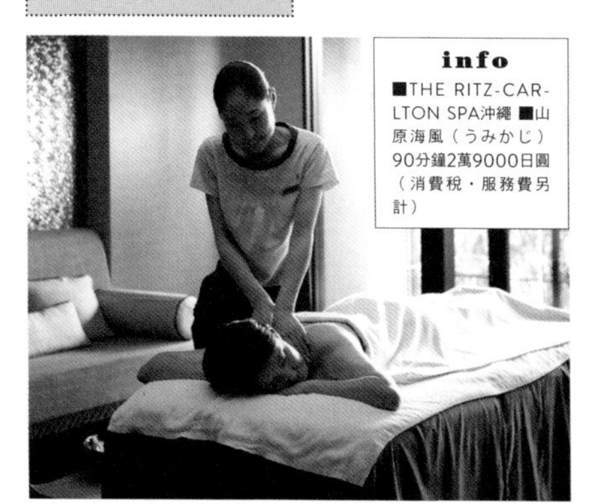

info
■THE RITZ-CARLTON SPA沖繩 ■山原海風（うみかじ）90分鐘2萬9000日圓（消費稅・服務費另計）

15:00
享用 下午茶 優雅一下。
×
ザ・ブセナテラス
→P.115

想要優雅度過時光，可以到飯店品味道地英式下午茶。置身在挑高天花板所呈現出的開放空間中，一邊眺望大海或下方的泳池，一邊品嚐飯店供應的甜點更是一種特別享受。

info
■Living Room "Maroad" ■下午茶套餐2500日圓（12:00～18:00提供）

抱著撒錢的覺悟GO！

就要拜訪這兩家

鋪氛圍都令人興奮到快窒息。

以「實際用了覺得不錯」的基準來挑選商品。

1 就算有想找的目標，也會不由得被這裡繁多而商品齊全的商品吸引住目光。 2 3 一翠窯的方盤2592日圓。 4「ハロイナ」耳環各1728日圓。 5 シマノネ（島之根）的盒子各540日圓。 6 還有使用非洲瓊麻製成的提包。 7 沖繩在地創作家所製作的沖繩陶瓷器、琉球玻璃，也可以委託客製。

為食、衣、住增添美感的商品

麥島夫妻倆品味迸發的生活風格店。除了沖繩陶瓷器之外，還有包裝可愛又確實美味的沖繩食品等，各種值得選購的優秀商品。對我個人來說是個購物聖地。

PORTRIVER MARKET

ポートリバー マーケット

中部 MAP P.170 F-3 ☎098-911-8931 浦添市港川2-15-8#30
11:00～18:00（週二・週四・週六為12:30～）週日、例假日
從西原IC出發約6km Ⓟ有

★★★ PORTRIVER MARKET也提供飲料外帶，使用島產有機水果製成的果昔極為美味！

Best time!

15:00 對店主的品味致上最高敬意！想找可愛雜貨

光是在店內就會促使腎上腺素上升的商店，不論商品選項或店

作為名護島甜甜圈（島ドーナツ）（→P.119）的姊妹店營運。

1 2 化妝包各2000日圓。 3 髮圈380日圓。 4 用裁剩的邊角木材和易開罐拉環做成的胸針750日圓。 5 鑰匙圈650日圓。 6「將想要的東西做出來」的山本小姐。 7 孔雀藍十分鮮艷。 8 大量使用採買自農夫市集的沖繩縣產蔬菜的三明治拼盤980日圓。

集結店主「喜好」的空間

將屋我地島的老民房裝潢整修，改造成以鮮豔藍色引人注目的咖啡複合商店。出自山本小姐出於對雜貨的喜愛而開業的店鋪，再加上陳列當地創作家作品所構築出的世界觀，棒到令人可以待上好幾個小時。

CALiN カフェ + ザッカ

カラン カフェ プラス ザッカ

美麗海水族館周邊 MAP P.176 E-3 ☎0980-52-8200 名護市運天原522 ⏲11:00～16:30 週一 從許田IC出發約20km Ⓟ有

Best time!

16:00

看到喜歡的立刻買下是不二法則！

與送自己的禮物間的相遇是一期一會

集聚沖繩魅力的雜貨，可以買來犒賞自己。可愛到連大人也會想買。

↑鑲嵌宮古島素材的香氛蠟片，能細聞它的清香。各1800日圓Ⓓ←（上到下）粉紅珊瑚蠟燭1300日圓、海星蠟燭各780日圓、風獅爺蠟燭3600日圓Ⓑ。

手作海軍風杯墊，各378日圓Ⓒ。

用南洋風情的布雜貨增添生活色彩

Pouch & Cloth Goods

沖繩的海與水果、花與植物，搖身一變成為極具品味的布製品或蠟燭。

化妝包的裡布使用不同花色，整體設計充滿南洋風情。M尺寸各3888日圓Ⓒ。

D&DEPARTMENT OKINAWA by OKINAWA STANDARD

ディ アンド デパートメント オキナワ バイ オキナワ スタンダード

也有能感受沖繩氛圍的主題展示

將根著於這片土地的商品，以「好用、好吃，設計佳又用得久」的獨特觀點嚴格挑選。

中部 MAP P.173 B-5 ☎098-894-2112 宜野湾市新城2-39-8 11:00～19:30 週二 從北中城IC出發約3km Ⓟ有

Ryukyu rogua

リュウキュウ ログァ

洋溢沖繩特色的造型蠟燭

參考苦瓜或是鳳梨等的實際外型，充滿原創性的蠟燭。也有舉辦實作體驗講座。

中部 MAP P.173 B-4 ☎070-5532-4539 北谷町北谷2-15-4 スペリオール202 11:00～19:00 不定期休假 從北中城IC出發約7km Ⓟ有

↑羊毛氈胸章。扶桑花1000日圓、小羊1500日圓Ⓖ、機織工房しよん的杯墊各777日圓Ⓓ←印有店名的台灣復古提袋（茄芷袋）750日圓Ⓔ。

★★★ Ryukyu rogua也接受結婚致贈等送禮用蠟燭的客製化委託。請告知構想與預算。

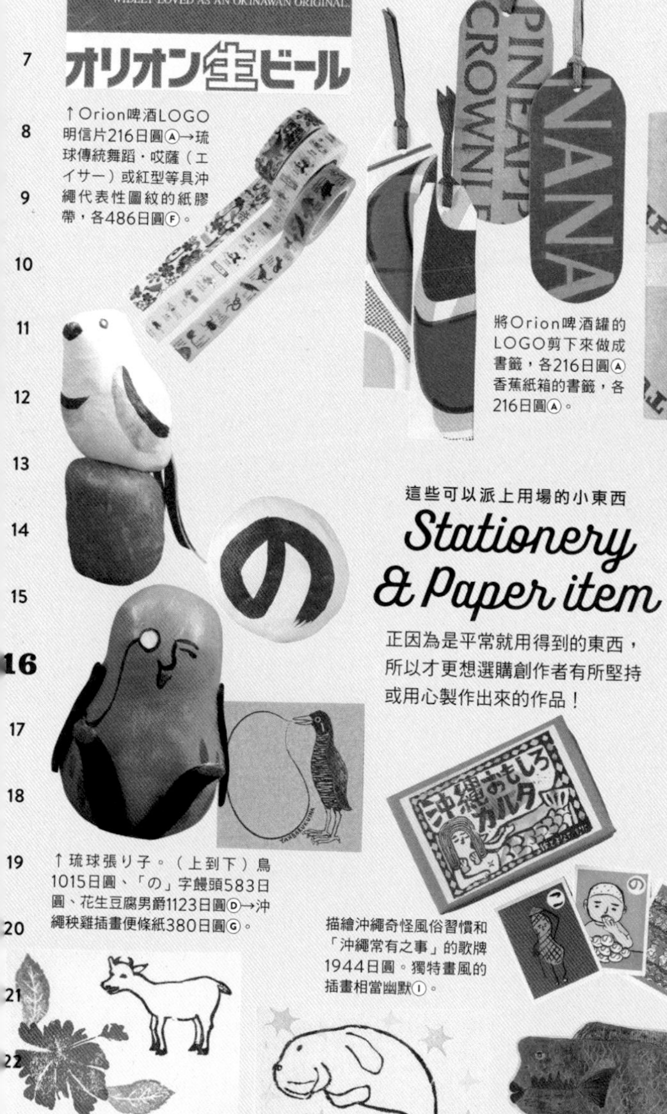

↑Orion啤酒LOGO明信片216日圓Ⓐ→琉球傳統舞蹈・哎薩（エイサー）或紅型等具沖繩代表性圖紋的紙膠帶，各486日圓Ⓕ。

將Orion啤酒罐的LOGO剪下來做成書籤，各216日圓Ⓐ香蕉紙箱的書籤，各216日圓Ⓐ。

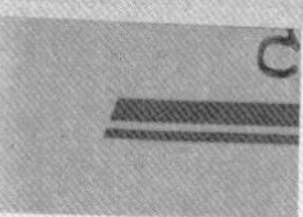

將紙箱再次利用所做成的rubodan筆記本。包含BLUE SEAL等品牌，充滿沖繩風格。378日圓～Ⓐ。

這些可以派上用場的小東西

Stationery & Paper item

正因為是平常就用得到的東西，所以才更想選購創作者有所堅持或用心製作出來的作品！

↑琉球張り子。（上到下）鳥1015日圓、「の」字饅頭583日圓、花生豆腐男爵1123日圓Ⓓ→沖繩秧雞插畫便條紙380日圓Ⓖ。

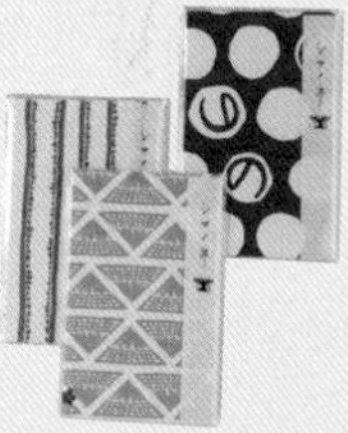

シマノネ（島之根）的苦瓜或紅瓦花紋收納袋，各378日圓Ⓗ。

描繪沖繩奇怪風俗習慣和「沖繩常有之事」的歌牌1944日圓。獨特畫風的插畫相當幽默Ⓘ。

→MEGU WAZOUSKI插畫家的明信片，各496日圓Ⓕ←島しまかいしゃ的明信片，各190日圓Ⓖ。

Ⓒ BRANCHES by TILLA EARTH
ブランチズ バイ ティーラアース
→P.110

Ⓓ Proots
プルーツ
→P.84

Ⓔ 自家焙煎珈琲みちくさ
じかばいせんこーひーみちくさ
→P.21

Ⓕ 海想国際通り店
かいそう こくさいどおりてん
→P.136

Ⓖ CALiN カフェ + ザッカ
カラン カフェ プラス ザッカ
→P.107

Ⓗ PORTRIVER MARKET
ポートリバー マーケット
→P.106

Ⓘ Okinawa Grocery
オキナワグロサリー
→P.113

Best time!

16:00

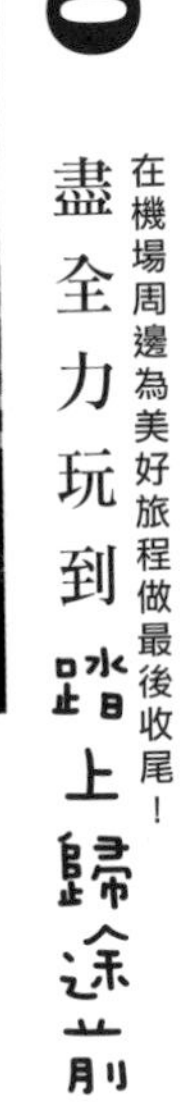

在機場周邊為美好旅程做最後收尾！盡全力玩到踏上歸途前一刻的方法

1. 在離機場最近的度假村裡，吃飯、購物、遊玩，一舉滿載而歸。

距機場 6km

瀬長島ウミカジテラス

せながじまウミカジテラス

能近距離眺望飛機的度假小島

在這被大海環繞的南歐風格設施裡，有著Made in沖繩的手工藝品店或是沖繩縣產料理齊全的餐飲店等，多達40間店鋪。

南部 MAP P.169 A-1 ☎098-851-7446（瀬長島ツーリズム協会）🏠豊見城市瀬長174-6 ⏲10:00～21:00（依店鋪而異）🔒無休假（依店鋪而異）🚗從那霸機場出發約6km Ⓟ有

也有溫泉！

琉球温泉龍神の湯

りゅうきゅうおんせん りゅうじんのゆ

最後來泡湯消除旅途的疲憊

瀬長島飯店裡有可遙望海景的天然露天溫泉。入場費用包含了浴巾租借，所以可以兩手空空出發GO。

南部 MAP P.169 A-1 ☎098-851-7167 🏠豊見城市瀬長174-5 琉球温泉 瀬長島ホテル1F ⏲6:00～23:00 🔒無休假 ¥1330日圓（週六・週日、例假日為1540日圓）🚗從名嘉地IC出發約4km Ⓟ有

KAME ANDAGI

カメ アンダギー

未曾有過的創新甜點

以咖啡廳風格來品嚐這道，將冰淇淋放在沖繩沙翁上面的甜點。

☎098-851-4171
⏲10:00～20:00 🔒無休假

沖繩沙翁130日圓，加冰淇淋300日圓。剛炸好的時候非常美味！

1 職人手作花紋收納袋3240日圓。 2 染色石英耳環5400日圓。 3 磷灰石或青金石耳環1萬9440日圓。

BRANCHES by TILLA EARTH

ブランチズ バイ ティーラアース

配戴休閒的沖繩島飾品

源自石垣島的飾品店。具奢華感的收納袋等商品一字排開。

☎098-996-1388 ⏲10:00～20:00 🔒無休假

結局圓滿就是美好旅程！聰明地樂在其中直到最後

一旦結束愉快的沖繩之旅後要前往機場，一路上卻開始變得寸步難行……。你是否也經歷過滿頭大汗趕著辦理登機，這樣心驚膽戰的過程？以塞車而聞名的國道58號線（ゴッパチ）和330號線，一旦進入早晚的通勤返家尖峰時段，其交通壅塞的程度更是大幅增加。若是認為那霸中心地區「離機場很近」而過於悠哉，其實是相當危險的。建議最後一天將行程安排在南部，於起飛的前幾個小時在機場周邊把握最後的沖繩時光。如果沒有時間到處逛，瀬長島ウミカジテラス會是個很棒的選擇。洋溢度假村氛圍的南歐風格設施裡，有著在這裡才有的商店或咖啡廳。在這個可以「發揮本領」忘情暢遊、大飽口福、購物採買直到最後一刻的地方，不留遺憾地為旅程畫下句點吧！

★★★ 租車的還車地點，請毫不猶豫地選擇「機場還車」吧。不浪費最後一天的寶貴時間。

距機場
6km

3. 到最近的道の駅豊崎GET當地美食。

道の駅 豊崎
みちのえき とよさき

5～9月可以吃到芒果！

沖繩縣內芒果產量最高的豊見城，出貨時期會陳列當地盛產的芒果。

南部 MAP P.169 A-2 ☎098-850-8760（JAおきなわ食菜館 菜々色畑）🏠豊見城市豊崎3-39 ⏲9:00～18:00（JAおきなわ食菜館 菜々色畑至19:00）🔒無休假 🚗從名嘉地IC出發約3km Ⓟ有

5. 提早辦理登機確認是否有漏買的伴手禮。

機場內

1 加了沖繩香檬的扁實檸檬（Hirami Lemon）蛋糕216日圓。 **2** 利用塔皮做成的法式奶油酥餅（Sablé）3片388日圓。

[oHacorté]
オハコルテ

港川外人住宅的人氣甜塔甜點店

沒時間去港川的人也大可放心。個別包裝的甜點在機場也買得到。

那霸 MAP P.171 A-4 ☎098-840-1276 🏠那霸機場2樓出境大廳中央南側 ⏲6:30～20:30

1 特色是苦瓜微苦風味的GOYA DRY啤酒360日圓。 **2** 蒜香橄欖油烏尾冬（Gurukun Ajillo）496日圓。

わしたショップ

什麼都一應俱全的沖繩伴手禮殿堂

金楚糕、紅芋塔和泡盛都有，若想尋找各種伴手禮的話，來這裡就對了。

那霸 MAP P.171 A-4 ☎098-840-1197 🏠那霸機場2樓出境大廳中央北側 ⏲6:30～20:30

距機場
3km

2. 最後的晚餐，也發揮看家本領。

Jef 豊見城店
ジェフ とみぐすくてん

沖繩的漢堡連鎖店

在沖繩縣內已經開立了4家店舖。菜單裡的兩種苦瓜漢堡請務必一嚐！

南部 MAP P.169 B-1 ☎098-856-1053 🏠豊見城市田頭66-1 ⏲24小時 🔒無休假 🚗從那霸機場出發約3km Ⓟ有

1 苦瓜切片、蛋、豬肉午餐肉的苦瓜漢堡（ぬーやるバーガー）378日圓。 **5** 小尺寸的迷你漢堡3個313日圓。

距機場
10km

4. 向最後駐足的海灘打聲招呼。

美々ビーチいとまん
びびビーチいとまん

設有淋浴間的舒適海灘

由於位於西海岸，若於傍晚時分到訪，就能同時將海景與日落盡收眼底。

南部 MAP P.169 A-3 ☎098-840-3451 🏠糸滿市西崎町1-6-15 ⏲9:00～18:00（7～8月至19:00）🔒開放期間無休假（游泳期間4～10月）🚗從豊見城・名嘉地IC出發約8km Ⓟ有（收費）

當然要夠可愛又夠好吃

庫。這裡鎖定的並非「買來到處分送」的伴手禮，而是別具意義的FOOD伴手禮。

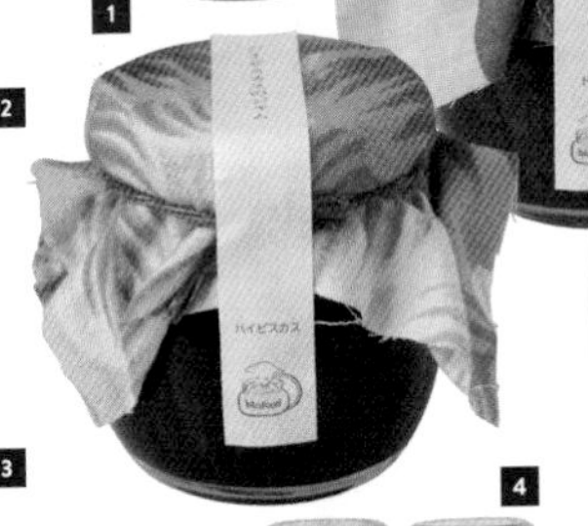

2 調味料＆風味沙拉醬

為一般料理增添「沖繩色彩」的重要無名配角。運用在簡單的料理上面，就能更加感受到食材本身的美味。

2

5

3

1

4

9

8

7

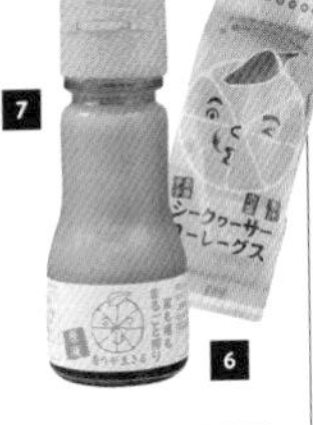

6

1 果醬

不能在水果產季到訪的人，也大可放心。這些以正中紅心的方式將水果和蔬菜的美味儲放於其中的玻璃瓶，今日也為之盛開。

4 黑糖

風味芳醇且礦物質豐富的黑糖，除本島之外還有8個島嶼也有生產。各個島嶼的黑糖風味不同，一邊品嚐一邊比較也是樂趣所在！

14

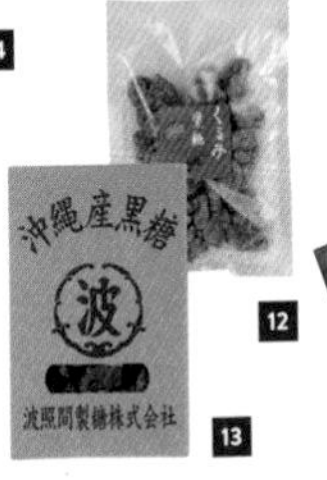

12

13

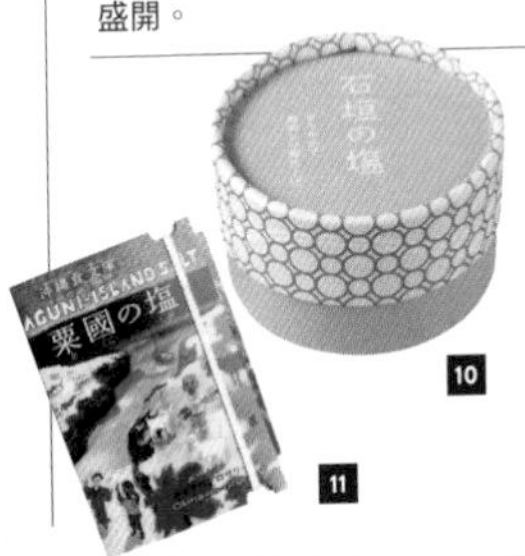

10

11

3 鹽巴

一提及被美麗海洋環繞的沖繩，就會想到「鹽之產地」。真正用心製作的最佳調味料，根據產地與製法的不同也會產生各種風味。

17

16

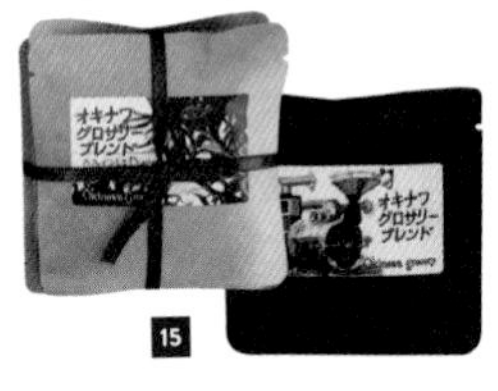

15

5 咖啡

現在的沖繩儼然已是自家烘焙咖啡的激戰區。在這些活用咖啡豆風味且富個性的眾多咖啡裡，試著尋找自己喜愛的咖啡吧！

1「ピンfood」的玉米粒醬。扶桑花果醬等756日圓等Ⓐ 2 百香果奶油702日圓Ⓐ 3 宜野座村手作果醬7120日圓Ⓒ 4 西式醃漬蔬菜
1「ピンfood」的玉米粒醬。扶桑花果醬等756日圓等Ⓐ 2 百香果奶油702日圓Ⓐ 3 宜野座村手作果醬7120日圓Ⓒ 4 西式醃漬蔬菜各648日圓Ⓕ 5 加了苦瓜的微苦美乃滋650日圓Ⓔ 6 香檬泡盛辣椒518日圓Ⓓ 7 山原辛香料756日圓、鹽味辛香料540日圓 8 沖繩縣產番茄醬1047日圓Ⓒ 9 沖繩縣產島辣椒醬島ネロ1296日圓Ⓓ 10 石垣の塩840日圓Ⓓ 11 沖繩食文庫 粟國の塩648日圓Ⓐ 12 黑糖胡桃691日圓Ⓓ 13 波照間製糖的黑糖285日圓Ⓑ 14 宮古島產黑糖648日圓Ⓒ 15 珈琲BAG沖繩雜貨店特調各1350日圓（5包入）Ⓐ 16 OKINAWA CERRADO特調咖啡各180日圓Ⓓ 17 食堂黑猫店主クリス咖啡師的特調咖啡1200日圓（200g）Ⓖ 18 黃金（くがに）金楚糕1080日圓Ⓓ 19 食堂faidama原創金楚糕756日圓Ⓗ 20 奧みどり新茶1080日圓Ⓓ 21 庭園香草茶各777日圓Ⓒ 22 苦瓜茶、扶桑花茶各540日圓Ⓘ 23 肉桂茶和金楚糕組合972日圓Ⓓ 24 4種產地的巧克力1490日圓（8片入）Ⓙ 25 SALTED NIB HONEY2268日圓Ⓙ 26 うちぼり養蜂園的非加熱蜂蜜各680日圓Ⓓ 27 釋迦鳳梨（ボゴールパイン）罐398日圓、桃香鳳梨（ピーチパイン）罐398日圓Ⓑ 28 蒜香橄欖油沖繩青鱗仔810日圓Ⓓ 29 南城市「チーズガイ」的起司各550日圓Ⓐ 30 起司般的島豆腐（新鮮723日圓、煙燻669日圓）Ⓓ

★★★ 在Okinawa Grocery開發了「沖繩食文庫」食品伴手禮。將「和三盆」和「粟國の塩」裝進文庫本一樣的包裝。

Best time!

17:00

FOOD伴手禮，味道由我掛保證。

充滿自然恩惠的沖繩，是美味伴手禮的寶

22 20 21 23

7 茶

說到沖繩就會想到香片（さんぴん）茶……但其實順應沖繩島氣候而生的茶文化，包含綠茶和香草茶等，範圍廣泛得令人意外。

10 其他

將水果、島豆腐、大海的恩惠或是島的恩惠大量裝填起來的加工品，很適合作為FOOD伴手禮的代表。

27 29 30 28

6 金楚糕

自琉球王國時代製作並流傳下來的傳統點心。麵粉、砂糖、豬油等簡單的食材製作而成，回歸初心的風味實為一絕。

19 18

8 巧克力

Bean to Bar的風潮也吹到了沖繩，有些巧克力專賣店不僅對可可十分講究，連黑糖也絲毫不妥協。

25 24

9 蜂蜜

沖繩的養蜂文化已在地扎根。未經加熱過的生蜜帶有幾許花香，就營養層面來說也很推薦。

26

ⒶOkinawa Grocery オキナワグロサリー 那覇 MAP P.180 D-3 ☎098-866-1699 那覇市松尾2-10-1 牧志第一公設市場 外圍 11:00～18:00 不定期休假 從單軌電車牧志車站徒步約10分鐘 Ⓟ無 Ⓑゆんた市場 ゆんたいちば西海岸度假區 MAP P.173 A-2 ☎098-958-1124 読谷村喜名2346-11 9:00～19:00 農曆盂蘭盆節 從石川IC出發約10km Ⓟ有 ⒸProots プルーツ→P.84 ⒹPORTRIVER MARKET ポートリバーマーケット→P.106 Ⓔ沖縄薬草ワールド ハッピーモア市場 おきなわやくそうワールド ハッピーモアいちば→P.121 ⒻCookhal クックハル→P.102 Ⓖ食堂黒猫 しょくどうくろねこ→P.80 Ⓗ食堂 faidama しょくどう ファイダマ→P.53 Ⓘ東南植物楽園 とうなんしょくぶつらくえん→P.53 ⒿTIMELESS CHOCOLATE タイムレス チョコレート→P.74

Best time!
17:00
令世界隨之染紅的一大活動。
想要如何度過日落時分？
IN THE Afternoon (14:00-18:00)
@West Side Beach
忘情於購物，等回過神來已經是日落時刻……。這個時候，就朝著鄰近購物街的海灘奔跑吧！
A

大自然交織出的天空色彩比任何藝術更能撼動人心

南北狹長的島嶼形狀，令沖繩本島擁有不少觀賞日落的景點。冬季大約在18點左右，夏季則落在19點左右，天空會開始漸漸地渲染上紅色，戲劇性般的日落之幕便隨之上演。

到鄰近的海邊欣賞日落也不錯，但是既然都特地到了沖繩，至少在場景上面講究一點吧！一邊慵懶躺坐在吊床上輕輕搖盪，一邊觀賞著以日落為背景來往飛行的飛機；或是乘坐雙體船出海，在海上悠閒地觀賞日暮餘暉也是只在沖繩才有的體驗。

Ⓐ 北谷サンセットビーチ
ちゃたんサンセットビーチ

想去海邊就能立刻抵達

離美濱美國村很近，能在購物行程的空檔裡順道一訪的城鎮系海灘。和當地人一起欣賞絕美的日落美景。

中部 MAP P.172 E-2 ☎098-936-8273 🏠北谷町美浜2 ⏲9:00～17:30（依時期而異）🔒開放期間無休假（游泳期間4～10月）🚗從沖繩南IC出發約6km Ⓟ有

★★★ 緯度較低的沖繩，其日落的時間跟日本本島不同。7月日照較長的時節約是19點半前，12月日照最短的時節約是17點半過後進入黃昏。（P.184）

B

@Hammock

整日忙於行程活動的疲勞，就藉由將身體躺進吊床裡來放鬆舒緩。

D

@Hotel's BBQ

在被椰子樹環繞的露台裡BBQ。將夕陽褪去披上黑夜繁星的天空景色烙印於心。

@Cruise

感受拂過雙頰的海風，乘坐雙體船來趟遊海觀光。等待戲劇般落日時分的到來。

C

Ⓓ カフェテラス『ボワール』（HOTEL Moon Beach）

彷彿置身夏威夷的海邊露台

椰子樹隨風搖曳，在這宛如南洋國度般的開放式露台BBQ。豪邁地燒烤新鮮的海鮮的同時，同時享受天空景色。

西海岸度假區 MAP P.175 A-2 ☎098-965-1020 🏠恩納村字前兼久1203 HOTEL Moon Beach内 ⏲4～9月的11:00～17:00（L.O. 16:30）、BBQ時間18:00～21:30（L.O. 21:00）🚗從石川IC出發約4km Ⓟ有（收費）

Ⓒ THE BUSENA TERRACE

ザ・ブセナテラス

享受海風輕拂的愜意時光

從THE BUSENA TERRACE搭乘雙體船到海上。體驗手捧熱帶飲料眺望夕陽的優雅巡航。

西海岸度假區 MAP P.174 D-2 ☎0980-51-1333 🏠名護市喜瀨1808 🚗從許田IC出發約4km（有從機場出發的接駁專車）Ⓟ有

海上賞夕陽船班

⏲60分鐘 ¥4000日圓（附1杯飲料）

Ⓑ HAMMOCK CAFE LA ISLA

ハンモックカフェ ラ イスラ

隨著墨西哥吊床輕曳搖盪

一邊感受海風，一邊倚躺在手工編織的吊床上放鬆。提供便於躺在吊床上食用的改良版墨西哥料理。

南部 MAP P.169 A-1 ☎098-894-6888 🏠豊見城市瀬長174-6瀬長島ウミカジテラス ⏲10:00～20:30 🔒無休假 🚗從那霸機場出發約6km Ⓟ有

MY BEST

SHAVE ICE MAP

（冰品特輯篇）

快要融化之前大口品嚐！
盛夏裡的美味救世主

在陽光奔放照耀的沖繩，冰品是相當活躍的存在。就連在日本內陸被認為要熱熱吃的「善哉紅豆湯（ぜんざい）」，到了沖繩也變身成在煮得甜甜的金時紅豆上面放上刨冰，這樣一道具代表性的冰品甜點。南洋風水果刨冰也色彩繽紛，相當可愛♥

E 琉冰 おんなの駅店的
ICE MOUNTAIN（刨冰）熱帶水果 1080日圓

店鋪位於道の駅 おんな站內，使用新鮮水果的甜點是店家的得意之作。豪邁地將芒果、火龍果等當季水果，堆得像座小山！

F 田中果実店的
SHAVE ICE
580日圓

源自於夏威夷的刨冰（Shave Ice）專賣店。藍色夏威夷糖漿和香檬糖漿等，共有20種手作糖漿。芒果百匯冰山2000日圓。

G ひがし食堂的
三色刨冰 320日圓

當地居民也絡繹不絕到訪，創業40年以上的食堂。「冰品」相當受到喜愛，三色刨冰（三色みぞれ）原本是為滿足當地小朋友願望而製的客製化商品。

H 新垣ぜんざい屋的
善哉冰 250日圓

不說不知道的善哉紅豆湯名店。菜單上簡潔而有力的只有「善哉冰」一個選項。刨冰裡面是熬煮8小時以上的金時紅豆。創業60年老店的好味道。

D 鶴亀堂ぜんざい的
紅芋黑糖善哉冰 580日圓

開在座喜味城遺跡旁的善哉紅豆湯店鋪。綿密的刨冰上面擺上紅芋冰淇淋，分量十足。忍不住轉眼間吃個精光的秘密就在於淋了黑糖薑汁糖漿！

Ⓐ いなみね
冷し物専門店お食事処
いなみねひやしものせんもんてん
おしょくじどころ

南部 MAP P.169 B-3 ☎098-995-0418
糸満市糸満1486-3 11:00～18:30 週二 從名嘉地IC出發約6km Ⓟ有

Ⓑ 千日
せんにち

那覇 MAP P.171 B-3 ☎098-868-5387
那覇市久米1-7-14 11:30～19:00（夏季至20:00） 週一（遇例假日則隔天休） 從單軌電車旭橋車站徒步約10分鐘 Ⓟ有

Ⓒ 喫茶ニワトリ
きっさニワトリ

中部 MAP P.170 F-3 ☎098-877-6189
浦添市港川2-16-1 13:00～17:00（售完即提早關店） 週二・週三、第3個週一，有不定期休假 從西原IC出發約6km Ⓟ有

Ⓓ 鶴亀堂ぜんざい
つるかめどうぜんざい

西海岸度假區 MAP P.173 A-2 ☎098-958-1353 読谷村座喜味248-1 10:00～18:00 週三（7～8月則無休假） 從石川IC出發約12km Ⓟ有

Ⓔ 琉冰 おんなの駅店
りゅうぴん おんなのえきてん

西海岸度假區 MAP P.175 A-3 ☎090-5932-4166 恩納村仲泊1656-9（おんなの駅内） 10:00～19:00（11～2月至18:00） 無休假 從石川IC出發約4km Ⓟ有

Ⓕ 田中果実店
たなかかじつてん

西海岸度假區 MAP P.175 C-3 ☎070-5279-7785 恩納村瀬良垣2503
11:00～17:30 週二・週三 從屋嘉IC出發約7km Ⓟ有

Ⓖ ひがし食堂
ひがししょくどう

美麗海水族館周邊 MAP P.177 B-5
☎0980-53-4084 名護市大東2-7-1
11:00～18:30 農曆盂蘭盆節 從許田IC出發約8km Ⓟ有

Ⓗ 新垣ぜんざい屋
あらかきぜんざいや

美麗海水族館周邊 MAP P.177 C-3
☎0980-47-4731 本部町渡久地11-2
12:00～18:00（售完即提早關店） 週一（遇例假日則隔天休） 從許田IC出發約23km Ⓟ6台

Ⓒ 喫茶ニワトリ的
紅龍果和百香果刨冰 950日圓

限定只於夏季在ippe coppe（P.43）庭院裡開張營業的刨冰店。使用契作農家供應的當季水果製作而成的自製糖漿，新鮮程度不可言喻。百香果糖漿刨冰950日圓。

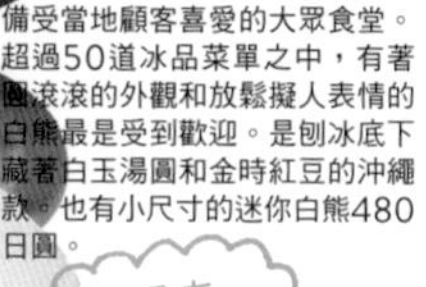

Ⓐ いなみね冷し物専門店
お食事処的
白熊（大）620日圓

備受當地顧客喜愛的大眾食堂。超過50道冰品菜單之中，有著圓滾滾的外觀和放鬆擬人表情的白熊最是受到歡迎。是刨冰底下藏著白玉湯圓和金時紅豆的沖繩款。也有小尺寸的迷你白熊480日圓。

Ⓑ 千日的善哉
刨冰 300日圓

創業60年以上的食堂老店。招牌菜單的善哉刨冰，刨冰底下藏著大顆的金時紅豆，雖然簡單但卻有著溫和的甜味。親民的價格也是相當加分的一點。

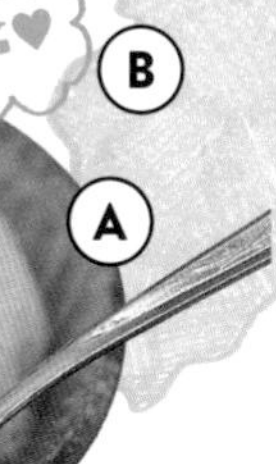

MY BEST

GRAB & GO MAP

（外帶美食篇）

前往海邊前大口咬下「美味」外帶美食

旅程中肚子微餓時，也可以盡情享用美食果腹。諸如沖繩最具代表性的甜點零食沖繩沙翁，或是在沖繩視為零食享用的天婦羅等，不妨一起來尋找僅有該地區才有的超棒外帶美食吧！

IN THE **Afternoon** (14:00-18:00)

E

GOZZA的
特色豬排三明治980日圓

位於高台的義大利料理店，以竭盡所能的烹調方法烹製。特別是在絕妙火候下烹煮出的炸豬排，更是營造出了多汁水嫩的口感。顛覆炸豬排給人的既定概念。

炸豬排三明治至上，口感絕佳且相當有分量。（斷言）

G

道の駅 ゆいゆい国頭的
國頭甜甜圈
1個162日圓

店內販售的山原地區伴手禮相當充實。使用木薯粉而有著Q彈口感的甜甜圈裡，加進了椰奶以增添溫和甜味。

剛炸好的美味程度好吃到掉淚。

H

今帰仁の駅そーれ的
沖繩沙翁
350日圓（7個入）

僅由當地媽媽們負責營運，也打點得很妥當。這裡剛炸好出爐的沙翁是我個人所嚐過最好吃的。根據時期不同也會添加水果。

依季節使用的香料也是100%天然。而且全都好好吃。

D

丸一食品的豆皮壽司2個・炸雞塊2個組合 380日圓

「豆皮壽司和炸雞塊！?」令人發出這樣驚呼的組合，但其實蒜香風味炸雞和味道恬淡清爽的豆皮壽司非常地對味。

豆皮壽司&炸雞塊!? 這正是BEST組合。

F

しまドーナッツ的
甜甜圈
160日圓～

「想給孩子們安全又美味的東西」，販售對食材十分講究的甜甜圈。使用島豆腐的豆渣和豆漿製成的甜甜圈，有著樸實的風味而又令人感到懷念。可愛的老民房是醒目標的。

樸實，而且好可愛。

Ⓐ 西南門小カマボコ屋
にしへーじょうぐわーカマボコや

南部 MAP P.169 B-3 ☎098-994-2331
糸満市西崎町4-19（お魚センター内）
10:00～18:00 無休假 從名嘉地IC出發約6km Ⓟ有

Ⓑ 中本てんぷら店
なかもとてんぷらてん

南部 MAP P.168 E-3 ☎098-948-3583
南城市玉城奥武9 10:00～18:00（4～9月至18:30） 週四（遇例假日則週三休） 從南風原南IC出發約10km Ⓟ有

Ⓒ タコス専門店メキシコ
タコスせんもんてん メキシコ

中部 MAP P.173 B-5 ☎098-897-1663
宜野湾市伊佐3-1-3 1F 10:30～18:00 週二・週三 從北中城IC出發約5km Ⓟ有

Ⓓ 丸一食品 塩屋店
まるいちしょくひん しおやてん

中部 MAP P.173 C-3 ☎098-974-5550
うるま市字塩屋494-6 9:00～17:00（售完即提早關店） 週一 從沖繩南IC出發約10km Ⓟ有

Ⓔ GOZZA
ゴッサ

西海岸度假區 MAP P.173 B-1 ☎098-923-3137 恩納村山田2427 11:30～20:00 週二 從石川IC出發約6km Ⓟ有

Ⓕ しまドーナッツ

美麗海水族館周邊 MAP P.176 E-4 ☎0980-54-0089 名護市伊差川270 11:00～15:00（售完即提早關店） 例假日 從許田IC出發約10km Ⓟ有

Ⓖ 道の駅 ゆいゆい国頭
みちのえき ゆいゆいくにがみ

山原 MAP P.178 D-3 ☎0980-41-5555
国頭村奥間1605 9:00～18:00（餐廳為11:00～16:30） 無休假 從許田IC出發約35km Ⓟ有

Ⓗ 今帰仁の駅そーれ
なきじんのえきそーれ

→P.47

Ⓘ 丸吉食品
まるよししょくひん

→P.35

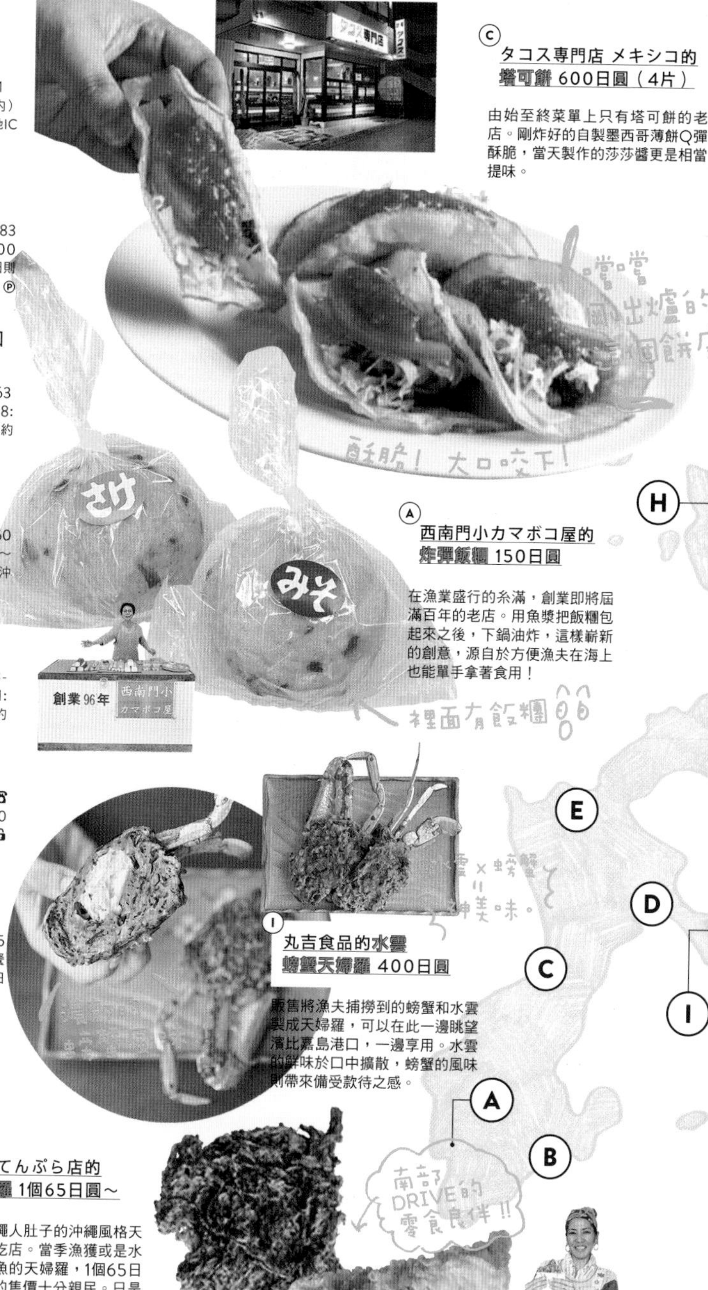

Ⓒ タコス専門店 メキシコ的塔可餅 600日圓（4片）

由始至終菜單上只有塔可餅的老店。剛炸好的自製墨西哥薄餅Q彈酥脆，當天製作的莎莎醬更是相當提味。

Ⓐ 西南門小カマボコ屋的炸彈飯糰 150日圓

在漁業盛行的糸滿，創業即將屆滿百年的老店。用魚漿把飯糰包起來之後，下鍋油炸，這樣嶄新的創意，源自於方便漁夫在海上也能單手拿著食用！

Ⓘ 丸吉食品的水雲螃蟹天婦羅 400日圓

販售將漁夫捕撈到的螃蟹和水雲製成天婦羅，可以在此一邊眺望濱比嘉島港口，一邊享用。水雲的鮮味於口中擴散，螃蟹的風味則帶來備受款待之感。

Ⓑ 中本てんぷら店的天婦羅 1個65日圓～

填飽沖繩人肚子的沖繩風格天婦羅小吃店。當季漁獲或是水雲、魷魚的天婦羅，1個65日圓左右的售價十分親民。只是每天都有數量上的限制，售完為止的這點需要特別留意！

到海邊遊玩的同時參訪世界遺跡，是沖繩旅遊不可缺少的經典行程，最好充分預習。

Snorkelling

問題在於要去哪個海岸浮潛最BEST

推薦這兩個不僅僅可以海水浴，還可以觀賞熱帶魚和浮潛的海岸。

海流的流速較快，需特別當心！
Bisezaki

不下水也可以觀賞熱帶魚
備瀨崎
びせざき

美麗海水族館周邊 MAP P.177 C-2 ☎0980-48-2371（備瀨区事務所）🏠本部町備瀨 🚗從許田IC出發約31km Ⓟ有（收費）監視人員×

走出備瀨福木林道之後，浮潛聖地於焉出現於眼前。到前方小島之間的海岸可以看到熱帶魚的蹤影。建議於退潮的兩點前後到訪。這裡岩石地較多，最好穿上海灘鞋。

Gorira chop

請留意關門時間！

潛水＆浮潛SPOT
ゴリラチョップ

美麗海水族館周邊 MAP P.177 C-4 🏠本部町崎本部緑地 ⏲9:00～16:00（依季節而異）🔒無休假 🚗從許田IC出發約22km Ⓟ有 洗手間○、淋浴○（¥100）、監視人員×

看似一隻大猩猩面向大海舉手作勢劈掌的岩石為醒目地標。這裡還可以看到角蝶魚和多帶刺尻魚。可以使用崎本部綠地公園的洗手間和淋浴間（收費）。

Cafe

石川曙外人住宅的Cafe Street

規模雖然比港川小，但是うるま市也有能眺望海景的外人住宅街。

法式三明治（croque-monsieur）極為美味！風味豐富的自製布里歐是美味關鍵。

持續培養出常客的名咖啡廳
NIWA CAFE
ニワ カフェ

中部 MAP P.173 C-1 ☎098-927-8607 🏠うるま市石川曙1-8-13 ⏲11:00～17:00（週五・週六11:00～17:00、18:30～22:00）🔒週一・週日（遇例假日則營業）🚗從石川IC出發約2.5km Ⓟ有

ZIP LINE

飛奔向海洋！

沖繩第一個於海上滑行的滑索。能夠驚險地眺望全景海景的就只有這裡。

沐浴著海風，大躍進！
PANZA沖繩
パンザおきなわ

西海岸度假區 MAP P.175 B-1 ☎098-965-5979 🏠恩納村冨着66-1シェラトン沖縄サンマリーナリゾート内 ⏲9:00～18:00（最晚受理至17:00）🔒無休假（有可能因天候因素而中止）¥MegaZIP高空滑索1620日圓 🚗從石川IC出發約6km Ⓟ有（收費）

World Heritage

溫習世界遺產

沖繩境內的這九處歷史古跡，其琉球王國的文化與信仰型態的獨有性受到認可，已於2000年登錄為世界遺產。因為各古蹟之間皆有段距離，所以請依照地區安排觀光景點進行參訪吧！

參訪推薦度★★★

首里城公園
しゅりじょうこうえん

色彩鮮豔，象徵琉球王國的一座城。1429年琉球統一之後的政治據點，作為國王的王城居所之用。
→P.94

參訪推薦度★★★

園比屋武御獄石門
そのひゃんうたきいしもん

位於守禮門鄰近之處，石門之後的廣闊森林被視為聖地。
MAP P.171 C-3

參訪推薦度★★★

識名園
しきなえん

有著迴遊式庭園的琉球王室別邸。浮於池上的中國風東屋十分美麗。
MAP P.171 C-4

參訪推薦度★★★

中城城跡
なかぐすくじょうあと

多數建築體還留有原形，被稱譽為「難攻不落」之城。
MAP P.173 B-5

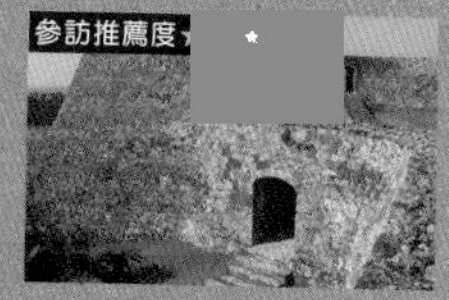
參訪推薦度★

座喜味城跡
ざきみじょうあと

作為戰略要塞而建造的御城，留有沖繩最古老的拱狀門。
MAP P.173 A-2

參訪推薦度★★★

玉陵
たまうどぅん

埋葬琉球歷代國王的陵墓，有著宮殿一般的氛圍。
→P.95

參訪推薦度★★★

斎場御嶽
せーふぁうたき

琉球王國裡最崇高的聖地。兩個巨岩合撐起來的精采特色景觀。
→P.27

參訪推薦度★★★

勝連城跡
かつれんじょうあと

進攻首里城失敗的阿麻和利之城。可一覽中城灣。
MAP P.172 D-4

參訪推薦度★★★

今帰仁城跡
なきじんじょうあと

如龍一般攀附山麓的城壁，以及可遠望到美麗海景為其特色。
MAP P.176 D-2

⚠ CAUTION!

☑ 58號線的塞車令人生畏

以長期塞車而聞名的國道58號線，在早晚時分更是特別塞！如果可以繞路的話，請毫不猶豫地繞道而行。

☑ 「女人心跟沖繩天氣……」不要期待天氣預報

沖繩的天氣相當多變。就算是當天的天氣預報也會落空，或許觀看雷達回波圖還比較正確。

☑ 租賃的車輛最好選擇到機場還車

為了不浪費在沖繩的時間，如果可以機場還車，請毫不遲疑地選擇這個選項。應該可以多玩1小時。

Food

前往比「道の駅」更能深入探索的市場

網羅有機沖繩縣產蔬菜和在地FOOD的市場，可於最後一天順道拜訪。GET新鮮蔬菜。

充滿玩心城鎮裡的蔬果攤販

沖縄薬草ワールド ハッピーモア市場
おきなわやくそうワールド ハッピーモアいちば

中部 MAP P.170 D-1 ☎098-896-0657 宜野湾市志真志1-247-1 ⊙10:00～18:00 休週日 🚗從西原IC出發約3km Ⓟ有

1 販售小農蔬菜，可以從貼於其上的標籤顏色，輕易判別無農藥或少農藥蔬菜。2 加了自製酵素的果昔324日圓～ 3 4 5 陳列農家直接送來的水果和蔬菜，如翼豆&沖繩芭蕉等。

Okinawa the best time

IN THE

Night

18:00 - 22:00

夜幕垂下之時，這裡才剛剛開始拉開序幕！到鄉土料理店暢飲、評鑑各類泡盛，或是到當地啤酒館品嚐沖繩原生豬（あぐー豚），令人不禁困於「要吃跟要喝的東西太多，一天晚上一餐也吃不完」這樣幸福的煩惱。用堅強的胃，挑戰美食之夜！

留在沖繩的期間會想要去一次的，就是這間泡盛と琉球料理うりずん（P.125）。享用儲放於店內的古酒，來——乾杯！

Best time!

18:00

沖繩料理＝うりずん為必嚐首選

第一次來沖繩的人，無需多說。

IN THE **Night** (18:00-22:00)

這些是
最推薦的料理

9

1 人氣No.1。將很像芋頭的沖繩田芋蒸熟，拌入豬絞肉和香菇後油炸。 **2** 鹽烤縣產豬排骨肉。 **3** 將苦瓜油炸至酥脆。 **4** 沖繩點心。 **5** 以味噌燉煮絲瓜和豆腐。 **6** 令人上癮的口感。 **7** 將臭肚魚的幼魚（スク）以鹽醃漬後，擺在島豆腐上。 **8** 風味濃郁的墨魚汁很出色。

第一天晚上就先直奔。不用說也知道的名店

從我第一次到沖繩玩至今，已經數不清到底鑽過這家店的布簾多少次。也不曉得在這裡學到了多少沖繩的飲食文化和古酒（くーす）的魅力。

儼然已成為榮町地標性存在的うりずん，是由被稱譽為「古酒守門人（古酒の番人）」的土屋實幸先生於1972年創業的。當時美軍所帶來的威士忌令泡盛的存在變得岌岌可危，土屋先生默默地致力於復興泡盛文化，亦不間斷地宣揚甕古酒的美味。

首次踏上沖繩土地的人當然無需多說。至於已多次到訪沖繩，但還想不斷探求古酒深奧之處的人，就更不能錯過「うりずん朝聖」。

店內不但有搭配泡盛享用的料理，從沖繩的家庭料理

★★★ 雖然必須預約，但若還是額滿了的話，也可以再徒步1分鐘走到附近的姊妹店・泡盛と海産物の店ぱやお（P.128），這裡也喝得到うりずん的甕古酒。

10

9 人氣店家所以最好事先預約。 **10** 盛放料理的盤子和盛裝泡盛的陶製酒器（カラカラ）都是沖繩陶瓷器。沖繩料理果然還是和這個最搭。

到宮廷料理、創意料理也一應俱全，重視傳統的同時也保有本店才擁有的原創性。

就如同隨著歲月流逝會更顯芳醇美味的古酒一樣，うりずん這家店的魅力也會隨之不斷增加吧！

店內各處至今都還能感受到土屋先生對於沖繩這片鄉土的愛，每次到訪都能為人們展現初次看到的沖繩面貌。

泡盛と琉球料理うりずん

あわもりとりゅうきゅうりょうり うりずん

泡盛文化關鍵人物所開的居酒屋

縣內各酒藏的泡盛皆有販售，是間可以品酌比較各酒款風味的老字號居酒屋。也有提供將調和好的泡盛裝入酒甕靜置熟成的古酒。

那覇 MAP P.180 F-2 ☎098-885-2178
那覇市安里388-5（栄町市場内）
17:30～23:30 無休假 從單軌電車安里車站徒步約1分鐘 Ⓟ無

沖繩超市探險

貌也是其魅力所在。

為包裝而買！備受沖繩人愛戴的FOOD

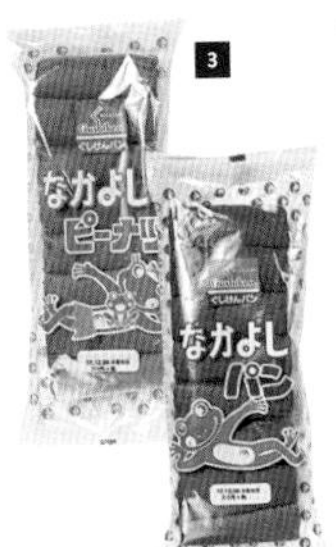

連飲料也是 完完全全沖繩Style

確實將美味鎖住 鋁箔調理包&即席食品

1 源自美國的午餐肉罐頭。一般口味328日圓，辣味358日圓（皆稅外）Ⓐ。 2 AWASE麵條194日圓Ⓑ。 3 沖繩人從小吃到大的ぐしけんパン的良伴（なかよし）麵包340日圓Ⓑ。 4 懷舊包裝的オキコ拉麵。4袋裝132日圓（稅外）Ⓒ。 5 即食沖繩麵。有各式各樣的牌子。1袋75日圓（稅外）Ⓒ。 6 甜鹹調味豬排骨（そーき）281日圓Ⓑ。 7 道地風味的東坡肉（らふてぃ）407日圓Ⓑ。 8 內有豬蹄膀的味噌湯298日圓（稅外）Ⓐ。 9 味道難以言喻的Root Beer 59日圓（稅外）Ⓐ。 10 在沖繩說到啤酒就是Orion 188日圓（稅外）Ⓐ。 11 おっぱ牛奶。 12 100%沖繩香檬汁198日圓Ⓑ。

Ⓒ サンエー那覇メインプレイス

サンエー なはメインプレイス

大型購物百貨內的超市

1樓食品賣場的一角，設有網羅沖繩伴手禮的食品陳列區，相當地方便。

那覇 MAP P.171 C-3 ☎098-951-3300 那覇市おもろまち4-4-9 ⏲9:00～23:00 無休假 從單軌電車おもろまち站徒步約6分鐘 Ⓟ有

Ⓑ 栄町りうぼう

さかえまちりうぼう

趕行程觀光客的好夥伴

以那覇市和浦添市為中心展店。因為是24小時營業，若白天錯失買伴手禮的機會，可到此採買。

那覇 MAP P.180 F-2 ☎098-835-5165 那覇市安里388-6 ⏲24小時 無休假 從單軌電車安里車站徒步1分鐘 Ⓟ有

Ⓐ タウンプラザかねひで にしのまち市場

タプンプラザかねひで にしのまちいちば

地域密集型

縣內店數達60間以上的主要超市。熟食區的商品陣容也極具魅力。

那覇 MAP P.171 B-3 ☎098-863-4500 那覇市西3-3-4 ⏲9:00～隔天1:00 無休假 從單軌電車旭橋車站徒步約15分鐘 Ⓟ有

★★★ 陳列著美式包裝進口食品的Jimmy's大山店（MAP P.170 D-1）與其他超商的營運取向不同，光是在裡面逛就很過癮。

6
7
8
9
10
11
12
13
14
15
16
17
18
19
20
21
22
23
0

為之驚呼的罕見美味

TRY！

Best time!

18:00 樂趣無窮的

一窺最真實的沖繩。

地方色彩濃厚的地方超市。可於此窺見未經粉飾的沖繩風

經典零食也是

在晚上的超市一次買足

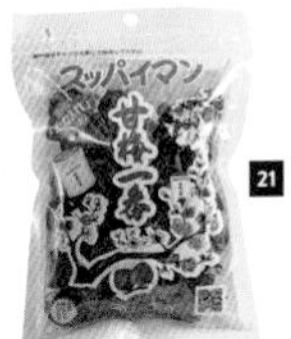

調味料也是

沖繩流

13 加了艾草的玄米飲料151日圓Ⓑ。 **14** 將鰹魚內臟浸於泡盛內的珍貴美食458日圓（稅外）Ⓒ。 **15** 鹽漬臭肚魚幼魚的スクガラス378日圓（稅外）Ⓒ。 **16** 將島辣椒浸泡於泡盛裡，是沖繩麵的良伴。500日圓（稅外）Ⓒ。 **17** 沖繩牛排館的老味道。278日圓（稅外）Ⓒ。 **18** 可用於塔可飯或塔可餅的辣醬376日圓Ⓑ。 **19** 伊江島產的花生糖286日圓Ⓑ。 **20** 圓狀鹽味仙貝245日圓（稅外）Ⓒ。 **21** 酸梅超人甘梅一番538日圓Ⓑ。 **22** 酸梅超人梅錠糖果108日圓Ⓑ。 **23** 令人開心的迷你尺寸小龜仙貝各100日圓（稅外）Ⓒ。

若要直接配送購物商品 サンエー那覇メインプレイス

自助打包區備有紙箱和打包用具，只要在超商內購物達1000日圓以上，即可用特別價格寄送商品*。

＊此服務以日本國內為主。

三大超級市場 性質與定位解說

りうぼう品質跟價格都經濟實惠。かねひで熟食美味且品項齊全獲好評。サンエー店鋪數量居冠，購物利用方便。依需求選擇超市也是樂趣所在。

在日本只有沖繩有！熱騰騰豆腐販售區

沖繩的超市幾乎都能看到的島豆腐販售區裡，有著熱騰騰（あちこーこー）的豆腐。因為食品衛生法的關係，只有沖繩是允許販售的例外。

なかむら家
なかむらや

當地顧客很多的實力派

料理長每天從市場進貨的新鮮漁獲於吧檯旁一字排開的場景十分精采。可將近海的魚以奶油香煎或泡盛鹽煮等，依顧客喜好進行調理。

那霸 MAP P.181 B-3 ☎098-861-8751 那霸市久茂地3-15-2 ⏲17:00～22:30 週日、例假日 從單軌電車県庁前車站徒步約3分鐘 Ⓟ無

1 綜合生魚片2268日圓（3人份）。2 現場演出感十足的展示陳列。

生豬（あぐー豚）。這才是夜晚的款待。

沖繩的魚其實很好吃嗎？

意外地擁有細膩風味 享用多彩的沖繩島魚！

南洋魚類色彩豐富的外表和其內部恰恰相反，味道吃起來意外地清淡。正因為如此，對這些魚來說，能否遇到傑出的料理人是其美味與否的關鍵分水嶺。能藉由簡單調味如實傳達料理手藝的泡盛鹽煮（マース煮），或是以絕佳的加熱程度將魚肉烹煮得柔嫩的奶油香煎（バター焼き）等，請仔細品味各烹調方法所呈現出來的沖繩島魚原有美味。

1 綜合生魚片（2人份）2160日圓，什錦炒苦瓜～648日圓等。
2 長椅座位區寬敞。

泡盛と海産物の店 ぱやお
あわもりとかいさんぶつのみせ ぱやお

位在榮町市場裡的人氣居酒屋

趁新鮮將沖繩近海捕獲的魚做成生魚片或荒煮（滷燉魚頭尾的料理）。泡盛種類也很多元，從一般酒到古酒皆供應。

那霸 MAP P.180 F-2 ☎098-885-6446 那霸市安里379-11榮町市場內 ⏲17:00～隔天0:00 無休假 從單軌電車安里車站徒步約1分鐘 Ⓟ無

★★★ 可以品嚐到大型魚美味的Eightman's SEABURG（P.61）是糸満漁民食堂的姊妹店。於瀨長島ウミカジテラス開幕營業。

1 當地魚的三樣生魚片1166日圓。可依喜好烹調整條魚，奶油香煎等。980日圓～，花生豆腐410日圓，什錦炒苦瓜734日圓。 2 店內共有三樓，有各式各樣的座位。

Best time!

18:00 不只有沖繩原
你知道

海のちんぼらぁ
うみのちんぼらぁ

魚和蔬菜都產自沖繩縣

除了從八重山送達的鮮魚之外，還有契作農家直送的在地蔬菜、自家工房製作的島豆腐等，是間徹底堅持在地食材的地產地銷居酒屋。泡盛之齊全也很傑出！

那覇 MAP P.171 B-3 ☎098-863-5123 ♠那覇市前島2-13-15 ⊙17:30～隔天1:00（L.O.隔天0:00）🔒無休假 🚗從單軌電車美栄橋車站出發約7分鐘 Ⓟ無

確實對魚有所了解，就知道怎麼烹調更好吃

1 若想吃到沖繩島魚本身的鮮甜就用泡盛鹽煮
只加鹽（マース）和酒烹煮的漁夫料理，是沖繩自古至今備受喜愛的烹調法。好食材這樣煮最好。

2 糸満漁民食堂的「しびれ醤油」和島魚超搭
味道不突出的沖繩島魚生魚片的最佳拍檔，就是這個！花椒油和醬油會帶出魚的風味。

3 沖繩的赤鯥!?「七星斑」必嚐
七星斑（アカジンミーバイ）是沖繩最高級的魚，帶油花的白肉入口即化！有碰到請嘗看看。

1 不像食堂的洗鍊空間。 2 定食所附的前菜和甜點。 3 當日奶油香煎鮮魚定食1404日圓～（時價）。

糸満漁民食堂
いとまんぎょみんしょくどう

糸満漁港附近的時尚食堂

琉球石灰岩所堆疊出的牆壁極為時尚。用一早捕獲的魚做成的定食，不論早晚都能嚐得到。

南部 MAP P.169 B-3 ☎098-992-7277 ♠糸満市西崎町4-17 ⊙11:30～14:30、18:00～21:30 🔒每月最後一個週一晚上、週二 🚗從名嘉地IC出發約6km Ⓟ有

一大度假區的重大問題 以此尋求解決

度假飯店林立的恩納村。

抱著想在飯店附近找找在地食堂解決晚餐的打算……但卻發現國道58號沿線的店家皆是「The・觀光客取向」的意旨。難道這裡沒有備受當地居民愛戴的晚餐地點嗎？這個問題也是我自己每次來沖繩都會碰到的困擾，為此我得出了兩個結論。

第一個結論是「到飯店用餐的CP值很高，味道也無可挑剔！」。縱然價格比大眾居酒屋高，但是綜合考量服務、味道、場景氛圍（還有食物也意外地很夠分量）就會發覺這是最佳選項。真可謂是「當局者迷」。

接著是第二個結論。住宿飯店若在恩納南側，就要前往讀古村；若在恩納北側，則要前往名護市內。在價格實惠又確實好吃，並且還深受在地人青睞的店裡，享受開懷暢聊的體驗吧！如果有喝酒，回程請找代客駕車服務。依人數分攤價格就會相對地便宜。

Best time!

19:00 Q. 在度假村地區，享用一頓好吃的晚餐。想知道關於恩納夜晚的正確解答

A1. 予人卓越的安定感。意外地隨心所欲，超推薦的飯店饗宴

Ⓐ ダイニング グスク

優雅地品嚐高等級沖繩料理

可嚐到以沖繩料理為首的多元和洋料理且可輕鬆光顧的全日餐廳。每週二四六還有琉球弦樂器「三線」的現場演出。

西海岸度假區 MAP P.174 D-2 ☎0980-43-5555 名護市喜瀨1343-1 The Ritz-Carlton, Okinawa 3F ⏰7:00～10:30（早餐）、11:00～15:00（午餐）、15:00～22:00（晚餐）無休假 從許田IC出發約5km Ⓟ有

Ⓑ 海風 うみかじ

享用海鮮&品牌豬肉，乾杯！

將海鮮與沖繩原生豬以炭火烹烤後享用。店內海鮮自附近海港競標購得，以其新鮮程度為豪！

西海岸度假區 MAP P.175 A-3 ☎098-965-0707 恩納村山田3425-2 Renaissance Okinawa Resort海上餐廳 ⏰17:00～23:00 週二 從石川IC出發約4km Ⓟ有

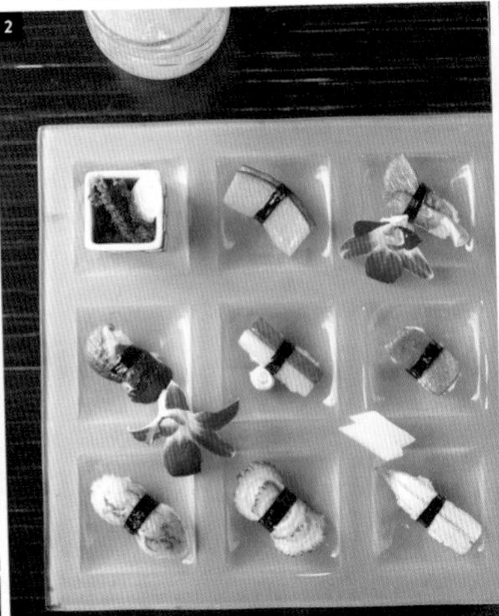

1 在琉球天然石上面炙烤沖繩黑毛和牛沙朗4600日圓～Ⓐ。2 細心事先處理過的綜合蔬菜壽司2600日圓（9種）Ⓐ。
3 4 以炭火燒烤鱗突擬蟬蝦（セミ海老）、日本龍蝦和沖繩原生豬Ⓑ。5 設有巨大水槽，彷彿置身於海中Ⓑ。

★★★ 如果喝了酒，就請店家幫忙找來代客駕車司機吧！沖繩的代駕文化相當根深柢固，也比計程車更易於利用。

A2. 北側至名護。南側則能奔赴讀谷

讀谷 YOMITAN

Ⓒ 膳 -ZEN-
ぜん

沖繩料理×紅酒新饗宴

以讀谷為中心的在地食材，運用來製成沖繩創作料理。可享用到紅酒和沖繩料理的嶄新結合。

西海岸度假區 MAP P.173 A-1 ☎098-958-0555 🏠読谷村瀬名波628 ⏲17:30～22:00 🔒週二 🚗從石川IC出發約14km Ⓟ有

Ⓓ mintama
ミンタマ

老民房裡的道地義大利料理

在溫馨的老民房裡可享用到的美味義大利料理，使用了從漁港進貨的新鮮海鮮。

西海岸度假區 MAP P.173 A-1 ☎098-958-6286 🏠読谷村長浜1787-2 ⏲18:00～22:00 🔒週日 🚗從沖繩南IC出發約15km Ⓟ有

1（由內至外）讀谷紅芋不裹粉油炸後擺在最上面的讀谷沙拉864日圓、縣產豬烹調成的東坡肉734日圓、入口清脆的醬油醃苦瓜486日圓Ⓒ。2 週末建議預約Ⓒ。3 香烤番茄鬼頭刀（シイラ）1480日圓Ⓓ。4 改建店主住家的老民房Ⓓ。

名護 NAGO

Ⓔ 島豚七輪焼 満味
しまぶたしちりんやき まんみ

沖繩島豬的美味直達味蕾！

完全沒有豬騷味，展現出令人驚豔的口感與鮮甜滋味的山原島豬燒肉。利用炭火的遠紅外線所炙烤出的美味多汁程度，完全顛覆對烤豬肉的印象！

→P.132

Ⓕ ゆきの

在地人掛保證的名護名店

既可以是食堂，也可以是居酒屋和壽司店，停留在沖繩的時候可以找機會光顧一次。總歸來說，菜單多元豐富，每道都很好吃，分量十足。

美麗海水族館周邊 MAP P.176 D-5 ☎0980-52-3486 🏠名護市宮里450-8 ⏲17:00～隔天2:00 🔒週三 🚗從許田IC出發約9km Ⓟ有

1 什錦炒苦瓜594日圓、水雲天婦羅648日圓Ⓕ。2 總之菜單範圍很廣，從壽司到定食都有Ⓕ。3 特別是豬內臟好吃到令人睜大眼睛。不只是飼養山原島豬的環境很好，店內的烹調處理也很周到Ⓔ。4 推薦由店員會幫忙烤肉的吧檯座位！Ⓔ。

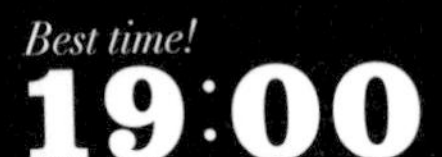

Best time!

19:00

除了叫聲以外，整隻豬都能享用。

沒有什麼饗宴比品牌豬更棒!!

山原島豬 × 炭火炙烤

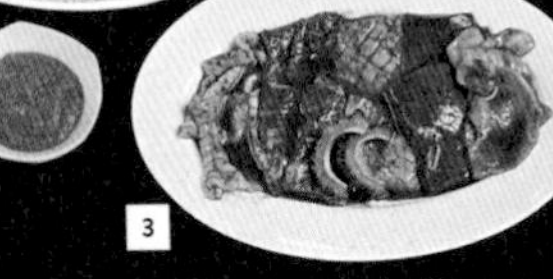

1 3 推薦的島豬和內臟綜合拼盤1人份1500日圓～ 2 山原蔬菜佐香料味噌沾醬650日圓。

島豚七輪焼 満味

しまぶたしちりんやき まんみ

謹慎的事前處理出眾的名店

對新鮮度十分堅持，從山原地區引入山原島豬。以炭火炙烤的豬內臟擁有顛覆「豬肉」概念的口感。也致力於使用產自山原地區的蔬菜和調味料。充滿在地鄉土情懷的店。

美麗海水族館周邊 MAP P.176 E-5 ☎0980-53-5383 名護市伊差川251 ⏰17:00～23:00（L.O.餐點22:00、飲料22:30）休週二 從許田IC出發約10km Ⓟ有

IN THE Night (18:00-22:00)

好吃到整個人快融化……最後的晚餐就吃品牌豬

沖繩人真的很了解豬肉要怎麼吃最好吃。熱炒豬血（チーイリチャー）和內臟湯（中味汁）、涼拌豬耳（ミミガー）和豬臉（チラガー）等等。從沖繩流傳的「豬除了叫聲以外整隻都能吃」這句俗諺可以感受到對於領受生命的感謝之情。

代表沖繩的原生豬品種「アグー（AGU）」最大的特色為美味的油花！鮮甜風味比其他的豬還要豐富且低膽固醇，簡直就是無可挑剔的肉質。滿味等店家提供的山原島豬則是アグー與黑豬的後代，是繼承了兩者優點的品牌豬。油花的鮮美當然不在話下，柔嫩而有彈性的口感也令人難以抗拒。

若想在日本內陸於最新鮮的狀態下，享用到這些由沖繩大自然所孕育出來的豬，相當困難。所以也可說是「要專程來沖繩品嚐」的饗宴。

★★★ 在滿味店內用炭火烤肉，絕對首推吧檯席！由店長以絕佳的加熱程度炙烤出來的豬內臟，完全就是不同等級的美味。

黑琉豬 頂級涮肉組合1人份3780日圓（照片為2人份）1天限定5份。

香煎山原島豬肩里肌肉 佐法國產顆粒芥末醬2500日圓。

やんばるダイニング 松の古民家

やんばるダイニング まつのこみんか

大獲滿足的稀有アグー豬料理

名護的品牌豬「黑琉豚アグー」的涮涮鍋是這裡的知名料理。改建自老民房的店內一隅也設有酒吧吧檯。

美麗海水族館周邊 MAP P.177 A-4 ☎098-043-0900 名護市大南2-14-5 18:00～23:00 週四 從許田IC出發約8km Ⓟ有

petite rue

プチット リュ

小巧法式小酒館內享用嚴選肉

佇立於公設市場小路裡，由夫妻倆攜手經營的店。將山原島豬、久米島赤雞和島蔬菜等，講究產地與風味的食材製成法式料理。

那覇 MAP P.180 D-4 ☎098-863-0716 那覇市松尾2-10-20 17:00～22:00 週一・週二 從單軌電車牧志車站徒步約10分鐘 Ⓟ無

品牌牛的「本部牛」也務必一試!!

只有店家飼養於本部半島自家牧場裡的牛，才稱為「本部牛（もとぶ牛）」，現已成為沖繩牛的一大品牌。其最大的特色是以Orion啤酒的啤酒粕進行發酵，做出纖維質豐富的牛隻飼料，藉此培養出肉質鮮甜的本部牛。

焼肉もとぶ牧場 本部店

やきにくもとぶぼくじょう もとぶてん

美麗海水族館周邊 MAP P.177 C-3 ☎0980-51-6777 本部町大浜881-1 本部町産業支援センター1F 11:00～14:30、17:00～21:30 無休假 從許田IC出發約24km Ⓟ有

VS 牧志

牧志
まきし

捏緊千圓紙鈔GO！

公設市場裏側一區，一到晚上就會變成當地人聚集的喝酒之處。成為一千日圓就能喝得酩酊大醉的千圓一醉激戰區。

1 在原本即為輕食販售區的地點開店的パーラー小やじ。昭和懷舊的氛圍令人放鬆◎。 2 每個菜單都是300～400日圓左右。 3 酒3杯和串燒4支1000日圓的超划算價格！（2 3 皆足立屋） 4 寧靜夜晚裡的公設市場周邊和足立屋周邊卻很熱鬧。

大衆串揚酒場 足立屋
たいしゅうくしあげさかば あだちや

引燃牧志「千圓一醉」熱潮的角色

從早就開始營業，顧客多到滿到店外的居酒屋，為牧志地標性商家。一千圓即可享有3杯酒外加下酒小菜，堪稱「千圓一醉」聖地！

那覇 MAP P.180 D-4 ☎098-869-8040 🏠那覇市松尾2-10-20 1F ⏲6:00～22:00 🔒無休假 🚗從單軌電車牧志車站徒步約10分鐘 Ⓟ無

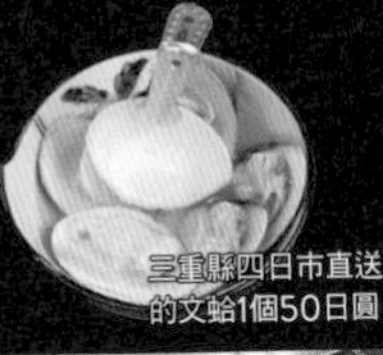

三重縣四日市直送的文蛤1個50日圓

パーラー小やじ
パーラーこやじ

享用「不沖繩的料理」放鬆一下

像輕食店一樣可以信步而訪的小料理店。由於當地顧客很多，所以就特意以「跳脫・沖繩料理」為主題，全品項皆於店內細心調理。

那覇 MAP P.181 C-3 ☎098-860-8668 🏠那覇市松尾2-11-8 ⏲15:00～22:00（週日、例假日至21:00）🔒不定期休假 🚗從單軌電車牧志車站徒步約10分鐘 Ⓟ無

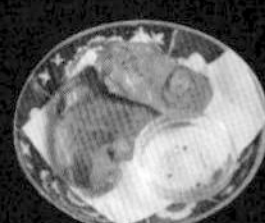

招牌菜單的滷牛雜400日圓，炸豬腳400日圓。

★★★ 大衆串揚酒場 足立屋營業到22點，如果22點以後還想繼續喝下去，可以移駕到附近的2號店。

選昭和懷舊市場？還是一千圓喝到醉店家密集的牧志
榮町市場VS夜之牧志

榮町市場
迷途漫步在細～窄小徑
其實也算有趣吧？

榮町市場
さかえまちいちば

以紅燈籠指標徬徨巷弄之間

白天是商店，晚上則換成酒館熱鬧的榮町市場。狹窄到令人心生不安的小巷裡，有數家當地人常光顧的飲酒好去處。

1 有很多樂衷於和おとん店主閒聊的老客人。 2 怪怪的小路裡有間名店。 3 市場裡格外熱鬧的べんり屋。剛煎好的煎餃肉汁多到流出來。 4 おとん的菜單品項不會太過強調沖繩在地感。韓式涼拌青菜300日圓。

べんり屋 玉玲瓏
べんりや いうりんろん

榮町市場首屈一指的排隊店

出身中國的老闆娘包的煎餃和小籠包，有時想要買到手還要大排長龍的人氣店家。坐在台灣攤販風格的攤位前品嚐剛上桌的美味。

那覇 MAP P.180 F-2 ☎098-887-7754 🏠那覇市安里388（栄町市場内 🕒18:00～23:30 🔒週日 🚗從單軌電車安里車站徒步約3分鐘 Ⓟ無

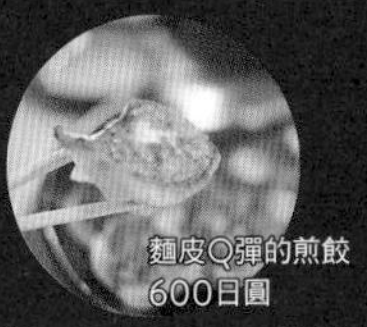
麵皮Q彈的煎餃 600日圓

おとん

與關西腔店主開懷暢談

狹窄小巷的深處裡，有間只在週五和週六營業的個性派居酒屋。以店主風趣言談為下酒菜，可以喝下好幾杯自製咖啡泡盛。

那覇 MAP P.180 F-2 ☎090-9049-1723 🏠那覇市安里379-21 栄町市場内 🕒18:00～隔天0:00 🔒週日～週四 🚗從單軌電車安里車站徒步約5分鐘 Ⓟ無

柑橘醋風味豬軟骨 450日圓

購物採買&邊吃邊逛僅在主要街道

即便是在那霸市內，國際通り以外的商店出乎意料地都很早歇業。因此，將活動範圍集中在國際通り，於20點起算的2小時內決勝負！

Best time! 20:00

「晚上進攻」國際通り才是正確選擇

截至22點為止。在這個時間點前往沖繩最熱鬧的地方。

IN THE Night (18:00-22:00)

A 海想 国際通り店
かいそう こくさいどおりてん

CLOSE 22:00

沖繩的「好東西」集結於此

除網羅沖繩創作家作品、化妝用品、美食伴手禮之外，店家原創商品也很可愛。

那覇 MAP P.180 E-2 ☎098-863-7117 那覇市牧志2-7-22コスモビル1F ⏰10:00～22:00（週五・週六、例假日至23:00）無休假 從單軌電車牧志車站徒步約2分鐘 Ⓟ無

沖繩風格圖紋紙膠帶 各486日圓

帆布做的提包 2484日圓

沖映大通り

縣內人氣連鎖店集聚

むつみ橋

→牧志車站

国際通り

內有那覇市傳統工藝館的てんぶす那覇

由オリオン通り、竜宮通り前往！

F 国際通り屋台村
こくさいどおりやたいむら

邊吃邊評比沖繩美食

聚集了提供沖繩在地美食的20個攤販。也有離島市集、琉球傳統舞蹈・哎薩等活動表演舞台。

那覇 MAP P.180 D-2 ☎無 那覇市牧志3-11-16、17 ⏰12:00～（關店時間依店鋪而異）無休假 從單軌電車牧志車站徒步約4分鐘 Ⓟ無

可進攻國際通り兩旁的小路尋找美食

若想探訪非「The・觀光客取向」的好店，可試著從國際通り拐向兩旁的小路。若很重視人多熱鬧的話，屋台村是最佳選擇。

村咲麵 700日圓

村咲そばFrom TOKASHIKI
むらさきそば フロム トカシキ

CLOSE 23:00

感受到渡嘉敷島的創意麵

提供使用渡嘉敷島食材的料理。麵裡揉進了黑米，因而富有Q彈口感！

那覇 MAP P.180 D-2 ☎070-5693-9338 ⏰12:00～23:00 週四

豚トン味
とんトンみ

CLOSE 翌0:00

品牌豬好吃到嘖嘖彈舌

沖繩縣產豬肉料理專賣店。使用豬肉製成的小菜系列，菜單品項十分豐富多元。

那覇 MAP P.180 D-2 ☎090-8292-6740 ⏰12:00～隔天0:00 週二等不定期休假

炸豬蹄膀 780日圓

★★★ 即便是白天很熱鬧的那霸周邊，只要遠離國際通り就會出現很多暗巷，深夜就不要獨自一人外出吧！

6
7
8
9
10
11
12
13
14
15
16
17
18
19
20
21
22
23
0

CLOSE 22:00

E Splash okinawa 2号店
スプラッシュ オキナワ にごうてん

洋溢著度假氛圍！

上面印有貝殼和海星等海洋圖樣的雜貨琳瑯滿目。能喚起自己對沖繩大海的美好回憶。

那覇 MAP P.181 B-4 ☎098-988-1238 🏠那覇市松尾1-3-1 ⏲10:00～22:00 🔒無休假 🚗從單軌電車県庁前車站徒步約5分鐘 Ⓟ無

CLOSE 22:30

D ブルーシール 国際通り店
ブルーシールこくさいどおりてん

甜點當然要選冰淇淋！

說到沖繩冰淇淋，就會想到BLUE SEAL。豐富的沖繩風味也包含金楚糕口味！

那覇 MAP P.181 C-3 ☎098-867-1450 🏠那覇市牧志1-2-32 ⏲10:00～22:30（夏季至23:00）🔒無休假 🚗從單軌電車美栄橋車站徒步約9分鐘 Ⓟ無

CLOSE 23:00

C 焼きたてチーズタルト専門店 PABLO 沖縄国際通り店
やきたてチーズタルトせんもんてん パブロ おきなわこくさいどおりてん

把限定的紅芋口味買到手！

有使用到紅芋和金楚糕的甜點是沖繩限定的商品。

那覇 MAP P.181 C-3 ☎098-867-8260 🏠那覇市松尾2-8-19ドン・キホーテ国際通り店1F ⏲11:00～23:00（依季節而有所變動）🔒不定期休假 🚗從單軌電車美栄橋車站徒步約8分鐘 Ⓟ無

CLOSE 22:30

B KUKURU 那覇店
ククル なはてん

為之眼花撩亂的繽紛雜貨

販售染上琉球圖紋的布製雜貨。手帕、包袱布等，非常適合作為伴手禮。

那覇 MAP P.180 D-2 ☎098-943-9192 🏠那覇市牧志2-4-18 ⏲9:00～22:30 🔒無休假 🚗從單軌電車牧志車站徒步約3分鐘 Ⓟ無

J　E　D

←県庁前車站

白天可至小路ニューパラダイス通り散步

松尾

什錦炒苦瓜～
650日圓

CLOSE 22:00

J 家庭料理の店 まんじゅまい
かていりょうりのみせ まんじゅまい

創業40年以上的大眾食堂

提供70種以上的沖繩鄉土料理。分量十足而具滿足感！

那覇 MAP P.181 A-3 ☎098-867-2771 🏠那覇市久茂地3-9-23 ⏲11:00～22:00 🔒不定期休假 🚗從單軌電車県庁前車站徒步約3分鐘 Ⓟ無

CLOSE 22:30

I ゆうなんぎぃ

療癒人心的沖繩媽媽味

1970年創業，以「老媽的味道」博得人氣的沖繩料理店。單點料理多達50種！

那覇 MAP P.181 B-3 ☎098-867-3765 🏠那覇市久茂地3-3-3 ⏲12:00～15:00、17:30～22:30 🔒週日、例假日 🚗從單軌電車県庁前車站徒步約4分鐘 Ⓟ無

CLOSE 隔天0:00

H あんつく

稍微了解深度的沖繩

從石垣島到那霸來開店。道地八重山麵最適合作為收尾料理。有時還能欣賞民謠現場演出。

那覇 MAP P.180 D-3 ☎080-8354-8699 🏠那覇市牧志3-1-1 ⏲9:00～隔天0:00 🔒不定期休假 🚗從單軌電車牧志車站徒步約8分鐘 Ⓟ無

CLOSE 22:30

G 小桜
こざくら

暢飲泡盛為一天收尾

位於竜宮通り的居酒屋老店。網羅縣內全酒造的代表性酒款，不妨邊喝邊評比？

→P.141

Best time! 21:00

味道溫和且入味的關東煮

所謂的沖繩流就是天氣不冷也要吃。

おふくろ

食材仔細處理過的關東煮，任君吃到飽！？

不斷補入新高湯的關東煮老湯底濃縮了多重美味。令人驚訝的是花費2000日圓就能在2小時內，享用關東煮和一品料理吃到飽、喝到飽。需要預約。

那覇 MAP P.181 A-3 ☎098-868-6721 那覇市久茂地1-8-7 ⏰17:30～隔天0:00（週六～23:00）🔒週四、週日、例假日 🚗從單軌電車県庁前車站徒步約5分鐘 Ⓟ無

1 夫妻倆共同經營18年。 2 雖然泡盛無限暢飲、關東煮也吃到飽，但也可以選擇單點就好。一品料理則是自助取餐形式提供。 3 彈嫩的豬腳（チマグ）和豬蹄膀（てびち）必嚐！

★★★ おふくろ的吃到飽喝到飽方案，啤酒限額3杯。相當講究的一品料理也包含了生魚片和沖繩家庭料理，不過21點以後品項就會變少。

創業30多年。店主自豪的關東煮，風味清爽而高雅。

よね屋

よねや

白天賣定食，晚上則變身關東煮酒館

以沖繩麵高湯作為關東煮高湯基底所烹調出的食材極為美味！有名的豬蹄膀，軟嫩到能以筷子輕鬆夾散。

那覇 MAP P.181 B-4 ☎098-867-4575
🏠那覇市松尾1-10-1 ⏲11:30～14:00、17:30～23:00
🔒週日 🚗從單軌電車県庁前車站徒步約5分鐘 Ⓟ無

沖繩的高湯文化在這裡集大成！

「在常夏之島沖繩吃關東煮？」我的腦中浮現了各位讀者拋出這個疑問時一臉驚訝的表情。不過，正港沖繩人卻是不曾對此產生疑問。他們對於關東煮的愛不分季節。

只不過，沖繩關東煮的風味和日本內陸地區不太一樣。首先，高湯就很不同。基本上和沖繩麵一樣，兩者同樣都是以鰹魚和豬骨為基底。雖然沖繩的昆布消費量在日本名列前茅，卻有著不太會將昆布拿來熬煮高湯的特徵。而最大的差別，就在於關東煮的食材。切成大塊的豬蹄膀和豬腳是主角等級的存在。經過久燉慢熬，故而光是用筷子下壓，就能輕易夾碎，高湯入味且吃起來滑嫩，相當美味。而且跟啤酒和泡盛一起享用，其對味程度更是令人感動落淚。如果想一次就吃飽喝足沖繩料理的話，推薦前來體驗關東煮之夜。

or 精釀啤酒

沖繩之夜的定番就是泡盛，
但也不要錯過熱烈高昂的精釀啤酒世界。

地ビール酒場 Beer Rize
じビールさかば ビアライゼ

塑造沖繩精釀啤酒面貌的重要角色

為精釀啤酒專賣酒吧，以啤酒柱的方式提供沖繩與全國各地約11種精釀啤酒。食物也多是考量與啤酒間的搭配性而設計的料理。

中部 MAP P.172 D-1 ☎098-911-2278 北谷町宮城1-464 1F ⏰17:00～23:45（飲料L.O.）休週一 🚗從沖繩南IC出發約5km Ⓟ有

1 こぶし花的Marzen啤酒1050日圓、啤酒櫻桃蘿蔔400日圓、自製德國香腸拼盤1500日圓。 2 週末會有外國訪客而顯得熱鬧。

Naoko's
最新精釀啤酒資訊

沖繩縣約有10間啤酒廠，善用地利之便而精釀啤酒。以外國人較多的北谷為中心開設的啤酒吧增加中！

接著是精釀啤酒

CHATAN HARBOR BREWERY & RESTAURANT
チャタンハーバー ブルワリー アンド レストラン

併設啤酒釀造所的餐廳&酒吧

一邊眺望以玻璃窗相隔的釀造所或是在眼前沉入海中的夕陽餘暉，一邊品嚐剛釀好的「CHATAN Beer」實屬至高享受！

中部 MAP P.172 E-2 ☎098-926-1118 北谷町美浜53-1 ⏰17:00～22:00（Bar至23:30）休無休假 🚗從沖繩南IC出發約6km Ⓟ有

1 南洋風味的精釀啤酒（S）702日圓～、精釀啤酒蒸貽貝（800g）2160日圓等。 2 品酒組合1350日圓。 3 洋溢南洋風情。

★★★ カラカラとちぶぐゎ～的店主夫妻倆都是泡盛酒調酒師（Awamori Meister），先生曾任泡盛情報誌總編，堪稱泡盛博士。入門者可嘗試造訪。

カラカラ是一種酒器

カラカラとちぶぐゎ～

網羅縣內全酒藏的品牌酒款

位於久茂地地區的泡盛酒吧。可以從一個小杯子的大小開始點酒喝，十分適合泡盛入門者，也很推薦想品酒的人來訪。

那覇 MAP P.181 B-3 ☎098-861-1194 🏠那覇市久茂地3-15-15 ⏲18:00～23:00 休週日 🚗從單軌電車県庁前車站徒步約5分鐘 Ⓟ無

1 酒甕裡裝著古酒（くーす）。 2 石垣島辣油炒鮮蝦800日圓等，可以品嚐到沖繩才有的創意料理。

果然還是泡盛。

Naoko's

最新泡盛資訊

有著不亞於威士忌，並且香味會隨著熟成度而產生變化的正是泡盛古酒。向店主告知喜好，找到自己命定的泡盛吧。

小桜

こざくら

創業60年以上的名居酒屋

鄰近國際通り，深受觀光客和當地居民愛戴的高人氣老店。提供專為泡盛所設計的菜色，並能品酌到縣內全酒藏的酒款。

那覇 MAP P.180 D-2 ☎098-866-3695 🏠那覇市牧志3-12-21 ⏲18:00～22:30 休週三・週日 🚗從單軌電車牧志車站徒步約3分鐘 Ⓟ無

1 陳列縣內全酒藏的品牌酒款。1 shot 300日圓。 2 熱烈氣氛下和店主的閒聊相當愉快。 3 清爽鹽味豬軟骨750日圓、人氣菜單・味噌拌花生300日圓等小菜。

MY BEST

NAHA DINNER MAP

（那霸的晚餐篇）

每類都有主廚創作料理 夜晚的那霸兼容並蓄

如果是跟團到那霸市內的飯店住宿，即便早上有早餐吃，但晚上幾乎都是不供餐的。不過也不用擔心。因為這裡有著從道地琉球料理到當天現捕活跳海鮮、紅酒吧等餐飲類型，雖是在飯店附近就近做出選擇，其料理級別也是不遑多讓地高。

偶爾稍微高雅一點♥

Ⓔ **紅酒&日本酒就選**
Kahu-si

販售紅酒和日本酒的酒吧。下酒菜是一個人也易於食用的小分量。從當日推薦品項裡挑選的紅酒一杯700日圓～，乾杯！

Ⓐ Ⓓ 首里

油花…極美
味

Ⓕ **あぐー豬就選スチームダイニング しまぶた屋**

以沖繩料理為首，提供可以品嚐山原島豬あぐー豬之美味的料理。豬肉、島蔬菜、自製肉丸組合的人氣料理・蒸籠饗宴1944日圓。

首里城view!!

Ⓐ **琉球料理就選**
潭亭

改良自八重山地方性傳統料理。大量使用到石垣島的食材。內有自製的餐前酒和魚板、花生豆腐等料理的八重山會席套餐需預約，3200日圓。

Ⓑ **傳統料理就選**
鄉土料理の琉音

以傳統琉球料理套餐的形式供應。黑芝麻蒸豬肉、田芋蔬菜泥、東坡肉、鰹魚高湯豬肉拌飯等，九道料理套餐4320日圓（需預約）。能嚐到剛煮好的好味道。

將吸引回頭客的
傳統美食做成套餐。

Ⓐ 潭亭

たんてい

首里 MAP P.171 C-3 ☎098-884-6193（需予約）🏠那覇市首里赤平町2-40-1 ⏰11:30～14:30、17:00～21:30 🔒週一 🚗從單軌電車儀保車站徒步約10分鐘 Ⓟ有

Ⓑ 郷土料理の琉音

きょうどりょうりのりゅうね

那覇 MAP P.171 B-3 ☎098-868-3456 🏠那覇市久米1-16-13 ⏰17:00～22:00 🔒週三・週日 🚗從單軌電車旭橋車站徒步約9分鐘 Ⓟ有（需確認）

Ⓒ 沖縄の台所 ぱいかじ 上之屋店

おきなわのだいどころ ぱいかじ うえのやてん

那覇 MAP P.171 B-3 ☎098-866-7977 🏠那覇市上之屋1-1-7 ⏰17:00～隔天1:30 🔒週三 🚗從單軌電車おもろまち車站徒步約20分鐘 Ⓟ有

Ⓓ 山羊料理 美咲

やぎりょうり みさき

那覇 MAP P.180 F-2 ☎098-884-6266 🏠那覇市安里388-6 ⏰18:00～隔天0:30 🔒週日 🚗從單軌電車安里車站徒步約1分鐘 Ⓟ無

Ⓔ Kahu-si

カフーシ

那覇 MAP P.181 C-4 ☎098-861-5855 🏠那覇市松尾2-11-25 ⏰19:00～隔天0:00 🔒週日、第4・第5個週一 🚗從單軌電車牧志車站徒步約11分鐘 Ⓟ無

Ⓕ スチームダイニング しまぶた屋

スチームダイニング しまぶたや

那覇 MAP P.181 B-3 ☎098-861-2739 🏠那覇市久茂地3-29-41久茂地マンション1F ⏰17:00～23:00 🔒不定期休假 🚗從單軌電車県庁前車站徒步約5分鐘 Ⓟ無

Ⓖ 海のちんぼらぁ

うみのちんぼらぁ

→P.129

Ⓓ

山羊料理就選
山羊料理 美咲

山羊料理專賣店，其羊肉料理亦具有消除疲勞效果，在沖繩多於慶賀宴席上享用。彈牙帶皮部位的山羊生食肉片1500日圓。搭配泡盛一起享用。

Ⓖ

魚料理就選
海のちんぼらぁ

八重山的魚、自製島豆腐、山原雞加上あぐー豬等，對各項食材的堅持十分出類拔萃。可依顧客喜好烹調整條魚，980日圓～。什錦炒苦瓜734日圓、三種在地魚生魚片1166日圓。

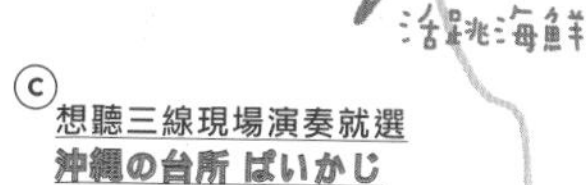

Ⓒ

想聽三線現場演奏就選
沖縄の台所 ぱいかじ

內有穿著琉球服飾的工作人員，也提供琉球傳統弦樂器三線的現場演奏。在熱鬧的氛圍中享用沖繩料理。什錦炒苦瓜702日圓、稀少的波照間島泡盛1620日圓（玻璃杯裝）。

沖繩 Tips & Memo

IN THE NIGHT

白天就奔南赴北往外跑。把國際通り周邊的購物計畫留在晚上進行吧！

Washita has everything!

最後一晚的採買好去處
在わしたショップ一次買齊備受好評的伴手禮

若是全心放在遊覽，以致沒時間安排購物及購買伴手禮的話，前往一次羅列各種商品的店家是最有效率的！

No.5

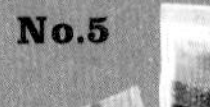

雪鹽金楚糕（南風堂）
些微的鹽味帶出金楚糕的香甜風味。108日圓

No.4

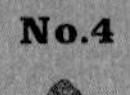

芝麻貓頭鷹
黑芝麻 & 夏威夷豆
加了黑芝麻的芝麻糖和夏威夷豆非常對味。864日圓

No.3

ORION DRAFT BEER
也有季節限定款和啤酒雞尾酒特調風味。213日圓

No.2

紅芋塔
（御菓子御殿）
100%使用沖繩縣產的紅芋。可加熱後享用。648日圓

No.1

黑糖巧克力
（ROYCE' 石垣島）
使用縣產黑糖的巧克力。包裝紙很可愛。702日圓

No.10

Chulala 風獅爺面膜（2入）
用風獅爺的面容變漂亮！？保濕面膜一包2入959日圓

No.9

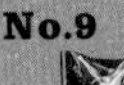

金楚糕巧克力
3樣組
淋上牛奶、高可可含量、黑巧克力3種巧克力。410日圓

No.8

南都綜合金楚糕
內有原味、黑糖、紅芋、命之鹽4種口味。324日圓

No.7

洋芋片巧克力 石垣鹽
（ROYCE' 石垣島）
石垣島的海鹽與巧克力之間的絕妙平衡超傑出。777日圓

No.6

35 COFFEE
（J.F.K 特調）
用珊瑚烘焙的咖啡有著香醇風味。1080日圓

Chinsuko

五花八門的金楚糕

僅僅只用麵粉、豬油和砂糖的傳統原味金楚糕雖然也不錯，但也可以TRY看看好吃的創新口味。

金楚糕
巧克力
高可可含量 90
為金楚糕裹上一層可可含量90%的巧克力，具有大人式成熟風味。12入864日圓

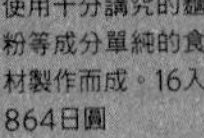

KUGANI
金楚糕
使用十分講究的麵粉等成分單純的食材製作而成。16入864日圓

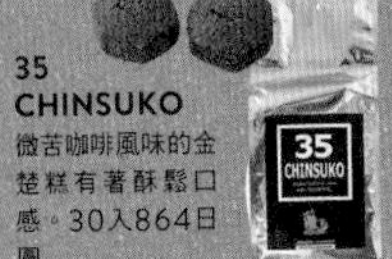

35
CHINSUKO
微苦咖啡風味的金楚糕有著酥鬆口感。30入864日圓

新垣
金楚糕
遵循琉球時代製法的創始商店。風味純樸。獨立包裝10入648日圓

Mailing

笨重的瓶裝物也可以
合起來一起用寄的

泡盛等較有重量的伴手禮，或是整箱購買的零食，請毫不遲疑地讓店家安排宅配吧！

わしたショップ国際通り店
わしたショップこくさいどおりてん
那覇 MAP P.181 A-4 ☎098-864-0555 那覇市久茂地3-2-22 JAドリーム館1F 10:00～22:00 無休假 從單軌電車県庁前車站徒步約4分鐘 Ⓟ有（租賃停車場）

Shimauta Sakaba

初訪沖繩者可前往島歌酒館

沒來過沖繩的人，第一天晚上可以到民謠酒館，一舉沖繩模式ON！享用王道沖繩料理和泡盛，一同醉心於沖繩民謠，最後再隨著炒熱的氣氛一起手舞足蹈吧！

每天都有
不同歌手登場唷
Utahime

一天表演
演唱3個場次
Shimauta

島唄

我如古より子小姐的民謠酒館

民謡ステージ 歌姫

みんようステージ うたひめ

那覇 MAP P.181 C-3 ☎098-863-2425 那覇市牧志1-2-31ハイサイおきなわビルB1F ⏲20:00~隔天1:00 無休假 ¥Live表演門票1000日圓 從單軌電車美栄橋車站徒步約9分鐘 Ⓟ無

1 網羅泡盛代表性品牌酒款。玻璃杯裝700日圓～ 2 什錦炒麵線750日圓。 3 演出節目每天不同。店主我如古より子小姐曾與坂本龍一先生合作而聞名。

想聽ねーねーず現場演唱

島唄

しまうた

那覇 MAP P.181 C-3 ☎098-863-6040 那覇市牧志1-2-31ハイサイおきなわビル3F ⏲18:00～23:00 不定期休假 ¥Live表演門票2000日圓 從單軌電車美栄橋車站徒步約9分鐘 Ⓟ無

1 唯一可欣賞第五代沖繩音樂團體ねーねーず現場演唱的Livehouse。 2 Oriong生啤酒600日圓。 3 海葡萄600日圓。 4 演出時間至官網確認。

⚠ CAUTION!

☑ **請特別留意不可以帶離沖繩的東西**

作為伴手禮相當受歡迎的紅芋塔，它的主要材料紅芋，以及沖繩香檬等幼苗，都不可以帶出沖繩境外。

☑ **留意早晚公車專用道限制。違規會罰錢**

那霸市和宜野灣市內，左側車道會在特定時間帶變成公車專用道。限制時間內即便該車道沒車也不能行駛。

☑ **如果想避開颱風？**

沖繩最常受颱風侵擾的月份是8、9月。5、6月和10、11月則是颱風較少接近的最佳季節。

Designated Driver Service

徹底活用「代客駕車」

在主要以汽車作為代步工具的沖繩，大家喝酒之後，都會毫不猶豫地選擇「代客駕車」（運転代行）服務。因價格比計程車還便宜，所以也沒必要特地把車子留在飯店不開車。雖然可請店家幫忙叫代駕司機，但若遇週末有可能會等上較久的時間，最好及早做安排。

Okinawa the best time

IN THE

Late Night

22:00 - 00:00

暢飲泡盛忘卻時間，在氣氛正要熱烈之時，沖繩的夜晚卻意外地結束得早。如果還是覺得意猶未盡的話，可以像沖繩在地人一樣吃個牛排作為完美收尾！而在深夜觀看星空，也是諾大夜幕高垂的沖繩才有的最佳體驗。

恩納的老店，SEA SIDE DRIVE-IN（P.153）的外帶櫃台在深夜時也有營業。

パブラウンジ
エメラルド

懷舊風格美式餐廳

創業時作為Pub Lounge經營。作為收尾料理的牛排相當受歡迎。秘密就在於十足的分量和秘傳醬汁。

中部 MAP P.173 B-4 ☎098-932-4263 🏠北中城村島袋311 ⏲11:00~21:00（週五・週六・週日、例假日至21:45）🔒無休假 🚗從沖繩南IC出發約4km Ⓟ有

美收尾，果然非牛排莫屬

在一天最精采的高潮時刻大口享用重量級牛肉

喝完酒之後的收尾料理不是拉麵，而是牛排。第一次聽到沖繩的這個習慣時，忍不住懷疑起自己的耳朵。不過，當我實際到沖繩採訪所遇到的沖繩在地人，卻發現幾乎大家都有「個人最愛的收尾牛排」口袋名單。其習慣之由來據說是戰後隨美軍湧入沖繩的美國文化，不過既然都到了沖繩不妨也就入境隨俗。包著嘗試的心

招牌菜單的超值巨無霸肋眼牛排450g 3700日圓。

最基本的果然還是這個牛排（やっぱりステーキ）200g1000日圓。恰到好處的霜降油花很超值！

やっぱりステーキ
2nd 松山店

やっぱりステーキセカンドまつやまてん

備受矚目且急遽展店中

細心處理兼具清爽風味和濃郁鮮味的牛肉。切成口感佳的厚切牛肉，烹調後盛放在熔岩石板上提供。

那覇 MAP P.181 A-1 ☎098-988-3344 🏠那覇市松山2-7-16 ⏲11:00~隔天7:00（L.O.隔天6:00）🔒週日 🚗從單軌電車美栄橋車站徒步7分鐘 Ⓟ無

★★★ 在やっぱりステーキ2nd松山店裡，覺得[illegible]也可以像拉麵加麵一樣追加點肉（[illegible]），可用100~500日圓~的價格追加喜歡的肉。

瘦肉牛排200g1836日圓（附湯、沙拉、白飯或吐司）。

最受歡迎的菲力牛排L 250g2500日圓。可大快朵頤！

ステーキハウス88辻本店

ステーキハウスはちはち つじほんてん

備受沖繩在地人愛戴的人氣店

沖繩縣內共計開了六間店鋪的牛排店。菜單上面時常羅列20種以上的品項。以自創獨門醬料為首的調味料也相當豐富，能夠自行調配也是相當令人開心的一點。

那覇 MAP P.171 B-3 ☎098-862-3553 那覇市辻2-8-21 ⌚11:00～隔天3:45 無休假 從單軌電車旭橋車站徒步約15分鐘 Ⓟ有

Best time!

22:00 來到沖繩就入境隨俗！飲酒之後的完

態，我也曾在離開居酒屋之後順路去嚐了嚐牛排。不可思議的是，200g的牛排我竟然轉眼間就吃個精光了。

這裡所提供的「牛排」，並非是日本內陸習以為常的「風味濃郁霜降」類型牛排，而是美式牛排的The・瘦肉。當肉質清爽並煎至三分熟的牛肉，擺在鐵板上滋滋作響地端上餐桌來時，飽食中樞彷彿失常一般，再次湧上一股食慾。因價格很親民，不妨抱著輕鬆的心情，來場沖繩流的牛排巡禮？

ジャッキーステーキハウス

沖繩牛排餐館的先驅

創業於戰後1953年。牛排菜單有菲力、肋眼以及漢堡排三個種類，供應方式為不事先調味，由顧客依喜好添加置於桌上的調味料自行調味。

那覇 MAP P.171 B-3 ☎098-868-2408 那覇市西1-7-3 ⌚11:00～隔天1:00 無休假 從單軌電車旭橋車站徒步約5分鐘 Ⓟ有

牛排 MEMO

收尾牛排的競爭對手果然還是沖繩麵

其中也有受訪者回答「牛排有點太重口味」。而給予這些人慰藉的正是高湯風味溫和的沖繩麵。

牛排果然還是食堂最厲害

「個人最愛的收尾牛排」意見調查中，不時就有受訪者回答食堂。可到24小時營業的食堂親自品嚐看看。

以牛排做收尾的習慣可說是那霸的特殊文化

只要稍微遠離那霸，就很少看到喝酒之後吃牛排做收尾的文化。請留意パブラウンジエメラルド很早就打烊。

Best time!

23:00

為繁星降臨之夜，留下一張畢生難忘的紀念照片。

仰望滿天繁星屏息無語

★★★ 舉辦的時間隨天氣和月亮的陰晴圓缺而充滿變化，滿月週期可攝影的天數有限，請事先洽詢。

在夜裡與世隔絕的海灘
將心願託付給流星

　隨著社會不斷發展，徹夜點著的霓虹燈照亮了街道。沖繩本島是否還保有貨真價實的靜謐黑夜呢？由於我始終忘不了以前在八重山諸島最南端，波照間島所目睹過的燦爛星空，因此在本島也試著尋找，意外找到一個可帶領遊客去到能仰望滿天繁星的秘密景點的攝影團隊。而且他們還提供由專業攝影師為每次限定一組的遊客，拍攝以星空為背景的紀念照這樣的特別服務。

　雖然整體來說都是沖繩本島，但像那霸這種都會地區只是其中一部分，在名護以北的山原地區還是留有未經人為干擾的自然景觀，夜晚來臨時便會被漆黑夜幕所壟罩。而這次舉辦星空攝影參訪團的地點是古宇利島。即便在白天顯得熱鬧的這座島，一到了夜晚也會被寂靜所覆蓋，令人屏息的璀璨星空在眼前無限延展。雖然有時受滿月和天候影響而不易攝影，但運氣不錯的話，還可以將美麗的銀河也收進照片裡。正因為是一輩子都不想忘掉的絕美風景，所以更應該將沖繩之夜的美好記憶保留下來。

23

沖縄星空スタジオ
おきなわほしぞらスタジオ

☎080-6489-9630 舉辦地點（沖繩本島北部有著美麗星空的海邊）附近集合
⏲19:00～隔天3:00
（所需時間60～90分鐘）
不定期休假 ￥6800日圓（1人）
URL starrynight.okinawa/

Best time!

00:00-23:59

這才是恩納的最強王牌。

SEA SIDE DRIVE-IN 萬能論

24H，且可用各種方式利用的恩納地標

自國道58號線駛進一條沿海道路，就能看到建於海邊的SEA SIDE DRIVE-IN。懷舊美式風格外觀令人感到懷念，而店內供應的樸實餐點也相輔相成地令其成為備受喜愛的景點。

這間店起源自曾出入美軍基地的初代店主，由於實在太過於喜愛基地內的餐廳，故而仿造該餐廳外觀，於1967年建造了這家店。然而，這裡是有著大雜燴文化的沖繩。以菜單內容為例，不只提供美式西方餐點，也有和食料理、中華料理，可說是什麼都有。

光是有「得來速（DRIVE IN）」這項服務就已經為顧客提供很大的便利性。去海邊遊玩之前外帶三明治、有名的濃湯，或是買回家當宵夜享用都是很棒的利用法。餐廳大片玻璃外的海洋一望無際，或許會令人萌生──雖然是「食堂氛圍」但窗外的海景簡直是五星級──這樣的超值感。

★★★ 前方的小島竟是SEA SIDE DRIVE-IN擁有的無人島。

08:00

早餐是作法一如既往的法式吐司

散發肉桂香氣的法式吐司600日圓，開啟一天之始。早餐供應時間8～11點。

12:00

午餐推薦有包裝的三明治&濃湯

要去海邊之前先吃個牛肉蛋三明治500日圓和有名的濃湯250日圓填飽肚子。外帶會變成這樣可愛的包裝。

20:00

可大快朵頤的晚餐也有餐廳自選組合

晚餐選擇豐盛一點，享用軟嫩燉牛尾1900日圓與牛肉咖哩800日圓。

15:00

慵懶放鬆的氣氛令人難以抗拒

在這輕鬆休閒並有著海濱景觀的餐廳用餐，是種奢侈的享受。

0:00

喝酒之後，再到這喝杯湯為一天畫下結尾！

23:00之後可以改到餐廳的得來速點餐外帶。餐廳裡的數十種菜單皆可點購。

有可愛LOGO的手提袋適合作為伴手禮。500日圓。

以豬骨高湯做基底的有名濃湯是沖繩的靈魂食物。200日圓（內用250日圓）。

SEA SIDE DRIVE-IN

シーサイドドライブイン

懷舊感的霓虹燈為醒目標的

沖繩首間DRIVE-IN餐廳。外帶務24小時營業，菜單上的每個項都可點餐。面向海洋的風景極美麗。

西海岸度假區 MAP P.175 A-2 ☎098-64-2272 恩納村仲泊885 ⏲8:00～天0:00（L.O.23:00）※外帶為24小 無休假 從石川IC出發約4km Ⓟ有

意猶未盡還想再吃些什麼……為這個時刻提供有力應援。不過依地區的不同，深夜營業的商店相當罕見，還是要多加留意。

Shinya Shokudo

在沖繩版的「深夜食堂」裡吃宵夜

24小時都可以用餐，如燈塔般存在的食堂。喝酒之後來這裡品嚐料理做收尾的沖繩人也不少。

便宜、快速、好吃！三項俱全

ハイウェイ食堂

ハイウェイしょくどう

在沖繩除了A、B、C經典午餐之外，還有沖繩麵和牛排等數十道餐點品項一字排開。

那覇 MAP P.171 B-3 ☎098-863-2277 那覇市前島2-3-6 24小時 無休假 從單軌電車美栄橋車站徒步約5分鐘 Ⓟ有

創業50年以上的大眾食堂老店

お食事処三笠

おしょくじどころ みかさ

歷史悠久的老食堂。600日圓上下的便宜價格令人吃驚。分量也很夠！

那覇 MAP P.181 A-2 ☎098-868-7469 那覇市松山1-12-20 24小時 週二・週三・週四隔天0:00～隔天8:30 從單軌電車県庁前車站徒步約7分鐘 Ⓟ有

豬午餐肉加煎蛋550日圓。

在食堂享用餐後收尾的牛排料理

いちぎん食堂

いちぎんしょくどう

菜單多到令人站在點餐機前面猶豫不決，而店內最受歡迎的料理是牛排。親民的價格是魅力所在。

那覇 MAP P.181 B-2 ☎098-868-1558 那覇市久茂地2-12-3 24小時 無休假 從單軌電車美栄橋車站、県庁前車站徒步約10分鐘 Ⓟ無

1 2 雖是食堂，但一旁的自助點餐機除了牛排之外，竟也有龍蝦可點。酒類飲品也有。 3 經典「什錦拌炒」系列餐點550日圓～

⚠ CAUTION!

☑ **22點以後路人也會變少**

即便是一整天都很熱鬧的國際通り，過了22點大多數店家都會打烊，路上行人也變少。盡量避免單獨外出。

☑ **若要在深夜購買伴手禮**

要是白天錯失購買伴手禮的機會，晚上可以去趟24小時營業的超市。那覇中心地帶則以「栄町りうぼう」(P.126) 最近。

☑ **深夜活動僅是少數**

市區&幹線道沿路以外的地區，例如留宿於南部沿海或本部半島時，就要留意「在附近吃宵夜」是很困難的一件事。

☑ **兜風途中看到星光彩燈？**

深夜在沖繩看見路旁繁星般的燈海……。那其實是以燈光延緩菊花開花的「電照菊」栽培法。也是深受當地人喜愛的冬季美景。

Family Mart

回飯店之後，享用全家超商美食 展開沖繩感十足的二次會

習以為常的超商食品，到了沖繩也會創造出十分具有當地特色的商品！除了經典的飯糰之外，還有酒精類飲品，或是在關東煮裡加進沖繩麵的商品！

沖縄ファミリーマート

全家超商在沖繩本島內約有290間。

1 包有拌炒鹽漬芥菜的豬肉午餐肉蛋芥菜飯糰235日圓。 2 散發香檬芬芳的原創泡盛。276日圓。 3 曼特寧咖啡風味的清爽泡盛咖啡258日圓。

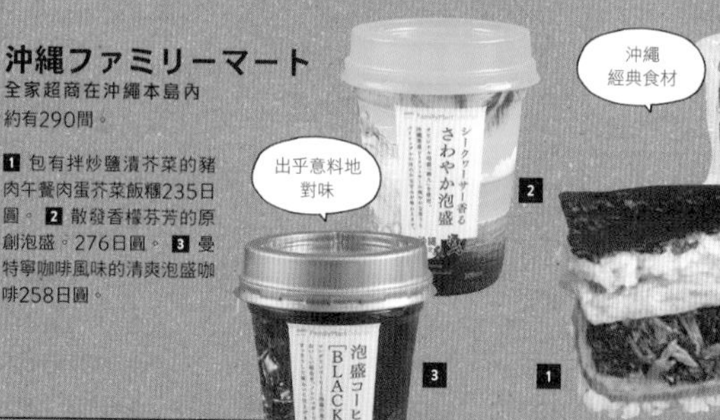

Okinawa
My Best Hotels

It's recommended hotels

一 輩 子 應 該 要 來 住 一 次 的

精 選 沖 繩 飯 店

OKINAWA MY BEST HOTELS | 01 |

The Ritz-Carlton, Okinawa

ザ・リッツ・カールトン沖縄

每個人都能為之放鬆更高一等的度假區

ザ・リッツ・カールトン沖縄飯店，由象徵琉球文化的紅色屋瓦加上白色牆壁構築，相映襯托天空的蔚藍。蓮花綻放於傾注沁涼池水的中庭裡，並於水池四周配置迴廊環繞中庭。遙望名護灣與本部半島，看上去就像是一幅美麗的山水畫。

那股讓奉行「旅行是積極闖蕩」的我，也會不想出門的飯店「氣息」實在過於美好，僅僅只是待在飯店裡就讓人覺得心靈變得富足。若預計要在飯店待上一整天，也可以去森林裡的SPA館或是去品嚐下午茶。隨心度過想過的時光，是一件比任何事情都還棒的犒賞。

POINT 1. 光是置身其中便可感受到那療癒身心的氣息流動。

大廳、餐廳，可眺望名護灣的露台甲板，以及不論身在飯店何處都會映入眼簾的水之中庭，每個都美到令人想隨之深呼吸。夜晚降臨時會點上燈光，別有一番雅興。

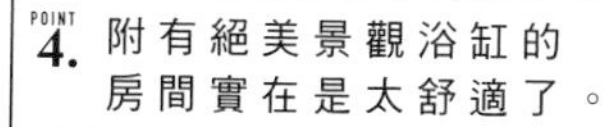

POINT
3. 出類拔萃的美味食物在恭候大駕光臨。

自醒來的瞬間便開始雀躍不已，全都是因為這裡的極品早餐。供應的餐點種類多元，從沖繩料理到西式料理都有，而且每樣都美味出眾。好天氣時，就到露天座位享用。

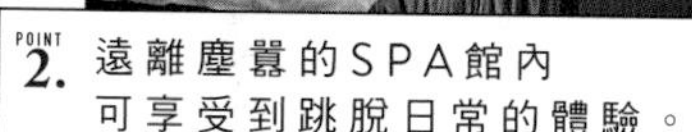

POINT
2. 遠離塵囂的SPA館內可享受到跳脫日常的體驗。

步出飯店大樓，再穿過被林木圍繞的庭園，前往隱私受到保護的SPA館。使用沖繩香檬和艷山薑等充滿琉球色彩產品的SPA體驗，實屬奢華至極。

POINT
4. 附有絕美景觀浴缸的房間實在是太舒適了。

眺望名護灣的45m²的海灣豪華套房（ベイデラックスルーム）。從設有大片玻璃窗的浴室也可以欣賞同樣的美麗景色。

POINT
5. 能夠感受大自然的泳池實在是太棒了。

營造成融入大自然的泳池擁有絕佳的地理位置，就算不游泳也會想在這裡悠哉度過一整天。

ザ・リッツ・カールトン沖縄

ザ・リッツ・カールトンおきなわ

西海岸度假區 MAP P.174 D-2 ☎0980-43-5555 🏠名護市喜瀨1343-1 🚗從那霸機場出發約75km、從許田IC出發約5km Ⓟ有 IN15:00 OUT12:00 ●費用／豪華套房（デラックスルーム）1房1晚4萬3934日圓～ ●客房數／97

POINT 1. 在成熟大人風格的泳池悠哉自在地放鬆。

融入讀谷恬靜風景的同時還保有奢華醒目感受的泳池。坐在池畔，一邊飲用完熟水果果昔，一邊享受悠閒時光也是很不錯的選擇。

OKINAWA MY BEST HOTELS | 02 |

THE UZA TERRACE BEACH CLUB VILLAS

ジ・ウザテラス ビーチクラブヴィラズ

在嚮往的泳池別墅享受「什麼也不做」的奢華時光

在讀谷村宇座海岸登場的是每個房間都有泳池的別墅飯店，一幢幢別墅像城鎮般並列，令人以為是走進了海外的度假區。

打開別墅的門，呈現在眼前的是將泳池圍住的獨棟起居室和寢室，提供至高無上的私人空間。明明是最高級的飯店，卻還能夠讓人打從心底感到放鬆自在，正是因為他們致力於提供顧客賓至如歸的住宿體驗。該飯店於2017年加盟被譽為「最頂級款待服務象徵」的羅萊夏朵精品酒店集團（RELAIS & CHATEAUX），就是最佳佐證。就像是置身於自家別墅般，能夠讓身心完全放鬆的大人式度假飯店就在這裡。

POINT 2. 一大早就盡情享受奢華的客房服務。

可以在泳池畔享用客房服務提供的早餐，是一件多麼令人憧憬的場景♥不用在意他人目光的早餐時光，比什麼都還奢侈。

POINT 3. 讓人一步也捨不得離開 因為最棒的別墅之夢已然實現。

不管怎麼說，這個飯店的特色就是「每個客房皆附有泳池，有個人隱私的別墅」。寬敞達88m²的別墅裡，起居室和寢室完全隔開，相當具有開放感。

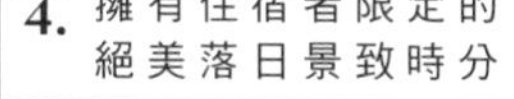

POINT 4. 擁有住宿者限定的 絕美落日景致時分

單手拿著飯店自家釀造所的精釀啤酒，欣賞著眼前的落日餘暉，乾杯。是一天畫下句點之際，最應景的短暫時光。

THE UZA TERRACE BEACH CLUB VILLAS

ジ・ウザテラス ビーチクラブヴィラズ

西海岸度假區 MAP P.173 A-1 ☎098-921-6111 讀谷村宇座630-1 從石川IC出發約13km Ⓟ有 IN 15:00 OUT 11:00 ●費用／泳池別墅1寢室雙人床附早餐（Club Pool Villa 1Bedroom Twin）1晚6萬4800日圓～ ●客房數／48

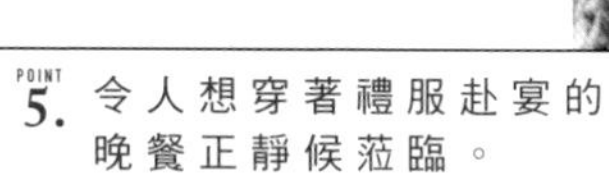

POINT 5. 令人想穿著禮服赴宴的 晚餐正靜候蒞臨。

將自家農園的蔬菜和近海的海鮮等縣產食材，搖身一變成為餐盤上一道道精緻佳餚。以義大利菜為基礎的歐洲大陸風料理，為晚餐留下難忘回憶。

POINT 1. 能夠充分感受到藝術與建築之美。

在HOTEL Moon Beach，其建築本身就是藝術般的存在。追求房客住宿舒適度的設計，在藝術展示空間或飯店內擺設的美術作品都極具魅力。

POINT 2. 在無邊際泳池體驗與大海的一體感。

在海邊的無邊際池裡游泳，感覺上就像是和一望無際的大海連接在一起。在這樣美麗的池畔讀個書……這樣的度假方式也是很棒。

OKINAWA MY BEST HOTELS | 03 |

HOTEL Moon Beach

ホテルムーンビーチ

可感受大自然療癒之力難能可貴的飯店

多達350株以上隨風搖曳的椰子樹。圍繞著飯店所種下的南洋植物。綠意盎然的綠蘿所形成的天然綠葉簾幕……。第一次來到HOTEL Moon Beach時，這棟完全融入沖繩大自然的飯店建築之美，深深地擄獲了我的心。

1975年配合海洋博覽會的舉辦而建造的這家飯店，是出自國場幸房建築師之手設計、沖繩第一家度假飯店。月牙灣形狀的天然海灘、藝術展示空間、海邊的無邊際泳池，還有格調高雅的飯店服務以及重視沖繩大自然的經營態度，交疊出無人能出其右的絕妙平衡，但凡住宿於此的每個人，應該都能舒適自若地感到心情愉快才對。

POINT 4. 可以一邊眺望落日餘暉一邊享用自助美饌

落日時分，遼闊無邊的海洋在眼前，隨著分秒的流逝而漸漸渲染上紅暈。坐在露台席上欣賞如此壯麗美景的同時，不忘享用美食吃到飽的夜之饗宴。

POINT 3. 富有寬敞陽台的景觀房正恭迎蒞臨。

以擁有可滿足顧客需求的各式房型著稱，特別推薦的是俱樂部豪華海景房（Club Luxury）。西式格局內有一個角落為和室設計，陽台也很寬敞。

HOTEL Moon Beach

ホテルムーンビーチ

西海岸度假村 MAP P.175 A-2
☎098-965-1020 🏠恩納村字前兼久1203
🚗從那霸機場出發約40km、從石川IC出發約4km Ⓟ有（收費）
IN14:00 OUT 11:00
●費用／附早餐1晚1萬2960日圓～
●客房數／280

POINT 5. 彷若置身異國渡假村 精采絕倫的綠色帷幕。

自高達四樓的挑高騎樓式（pilotis）建築設計垂降而下的綠蘿，時而沐浴在自然光，時而在雨水的洗禮下熠熠生輝。作為飯店自有的植物園而獲得員工竭力照顧的真情之物。

OKINAWA MY BEST HOTELS | 04 |

ESTINATE HOTEL

エスティネートホテル

在地人與旅客兼容並蓄的友善社交飯店

所謂出門旅行這回事，比起事前精心安排的完美旅遊規畫，往往都是那些出於偶然而朝著意外方向發展的人事物，更能在人們心中留下深刻印象。而這間飯店的核心概念，正是意在為有過那樣類似經驗的旅客們，提供一個開心的「交流場所」。

藉由將餐廳規畫成任何人都可以輕鬆利用的空間動線，或是不時舉辦住宿房客之間的交流活動，種種促進眾人友誼交流的小巧思令人相當佩服。是一間若「只是單純來這住宿」就太可惜了的社交性質飯店。

POINT 1. 放鬆心情大快朵頤享用豐盛的晚餐

沖繩在地人也會到此享用的餐廳。晚上會提供以當地食材烹調而成的義大利風料理，享用的同時，請不妨也手拿酒杯，愉快地交換旅遊資訊吧！

POINT 2. 極簡風格客房清爽洗鍊而時尚。

沒有一絲多餘，只陳設所需之物的極簡風格客房。聽說是出於「希望旅客們可多利用一樓交誼廳」的想法，而規劃出這樣的室內設計。

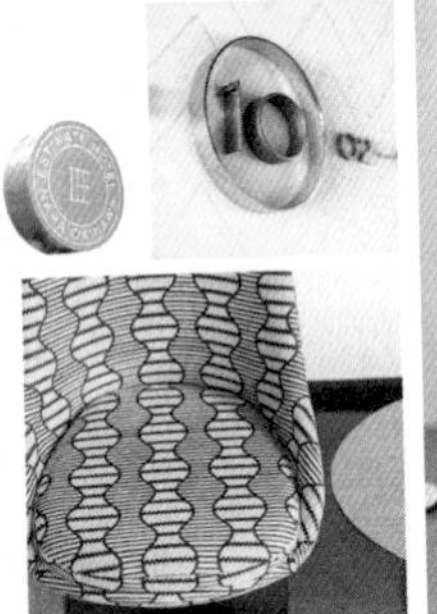

POINT 3. 相當富有巧思設計感100分的各式物品。

館內不論哪個地方拍起來都很時尚！擺設在每間客房裡的椅子，其布面圖紋都是專為該飯店特別設計出來的作品。

POINT 4. 在此能享用到彷彿是咖啡廳供應的早餐。

直接以擺在鑄鐵平底鍋的方式提供鬆餅（Dome Pancake）和切塊水果麥片等，共有5種令人萌發少女心的早餐可供選擇。期待一天早晨的到來♥

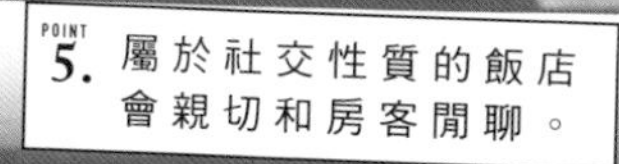

POINT 5. 屬於社交性質的飯店會親切和房客閒聊。

會舉辦不少像是「週四的披薩派對」這種讓房客能夠樂在其中的活動。說不定能跟親和友善的員工，或是將這裡視為交誼酒吧的在地沖繩人來個夜晚談心？

ESTINATE HOTEL

ESTINATE HOTEL
エスティネートホテル

那覇 MAP P.181 B-1
☎098-943-4900 ⌂那覇市松山2-3-11
🚗從單軌電車美栄橋車站徒步約5分鐘 Ⓟ有
IN 15:00 OUT 10:00
●費用／標準房型1晚8400日圓～
●客房數／88

OKINAWA MY BEST HOTELS | 05 |

NANMA MUI NATURE RESORT

ナンマ ムイ ネイチャーリゾート

POINT 1. 投宿露營帳篷內體驗野外露營度假的氛圍。

將「飯店級的良好舒適度」完整搬進森林裡，在南馬森林環繞的大帳篷內享受森林浴。與大自然之間取得的絕佳平衡，是只有在這裡才能體會到的度假體驗。

POINT 4. 可以盡情享受羽地內海的大自然。

一年到頭風平浪靜的羽地內海，也充滿了隱密氛圍。飯店提供的海上活動也務必TRY！（需預約）

POINT 3. 在露台甲板進行的BBQ愉快而盡興。

在國定公園這樣的大自然中，氣氛熱烈地一起烤肉。趁著天色還亮著的時候就開始吧！

POINT 5. 美麗到為之失語的璀璨星空寬闊無邊。

用大自然天象儀來欣賞美麗星空，為美好的一天畫下句點。從展望露台望出去的無邊星空令人屏息失語。

POINT 2. 在極為美麗的景色之中迎接一天早晨的到來。

自小高丘遠望羽地內海，一邊欣賞美景一邊享受早餐。與寧靜的大海一同迎接的早晨時分，是如此無可取代的珍貴時光。

露營×飯店的大自然度假區

位於屋我地島，令人為之嚮往的露營住宿。從林木綠蔭之間望向內海的同時，還能充分感受森林裡的負離子。及早辦理入住後，倚躺在吊床上擺盪，或是在夜晚降臨之後觀察星空，請盡其所能地體會屋我地島的大自然。

NANMA MUI NATURE RESORT

ナンマ ムイ ネイチャーリゾート

美麗海水族館周邊 MAP P.176 F-3
☎0980-52-8686 名護市饒平名720
從許田IC出發約18km Ⓟ有
IN15:00 OUT11:00
●費用／林中露營帳篷（Glamping）1晚2萬1600日圓～●客房數／7

前往彷彿海外的海畔外人住宅

面對著大海佇立，令人聯想到海外國家的懷舊海灘度假屋。由於面向著東海岸，所以也可以一睹旭日東昇曙光。寬敞的庭園令人想在此一邊感受海風，一邊悠閒地度過時光。不只提供住宿機會，目前也在規劃提供其他各項體驗。

Cailana & Capful
カイラナ アンド キャプフル

中部 MAP P.173 C-1
☎098-989-0430
うるま市石川曙1-6-1
從石川IC出發約2km Ⓟ有
URL www.cailana.com/ ※2018年9月以後住宿型態可能有所變更。請至官網確認。
IN15:00 OUT11:00
●費用／整棟（3房1飯廳1客廳1廚房）1晚2萬日圓～（～8名）
●客房數／1

POINT 1. 東海岸的特權！一睹日出的美麗曙光。

正如地名「曙（あけぼの）」所示，在這裡可欣賞到的日出，真的是無以倫比的美麗。非常值得早起看日出。

POINT 2. 隨鞦韆擺盪 獨占眼前無邊際的遼闊海景。

可感受海風輕拂的偌大庭園裡，有棵提供綠蔭並垂吊鞦韆的大樹。坐在鞦韆上面輕輕擺盪，日常裡的疲勞也隨之煙消雲散。

POINT 3. 以海邊生活為主題的咖啡廳裡，享受飲食＋α的樂趣。

旁邊有家從一早就開始營業的咖啡廳「Capful」，在這裡可以一邊欣賞日出，一邊享用美味的早餐。

OKINAWA MY BEST HOTELS | 06 |

Cailana & Capful
カイラナ アンド キャプフル

POINT 4. 夏威夷風的品味 令人喜愛不已。

海風吹拂而過的這間外人住宅，包含其地理位置在內，都散發著海外的地方城鎮氣息。看似時尚卻也十分舒適愜意。

OKINAWA MY BEST HOTELS | 07 |

chillma

チルマ

在這獨一無二的景色中享受奢侈的池畔時光

彷彿與自然融為一體的別墅，矗立在擁有遼闊舒適風景的今歸仁。能體驗到好似與海洋合為一體的泳池、令人感到賓至如歸的客房、別墅內的各項精心設計，各個都令人萌生「想要一直待下去」的想法。

POINT 1. 全部的客房都是別墅擁有100%的個人隱私。

僅有的4間客房皆為別墅類型的房型，可以徹底保有個人隱私的空間，正是恬靜悠閒取向的大人式度假區。

POINT 2. 泳池畔的放鬆愜意令人油然而生幸福之感。

平常累積了不少疲勞的人，更應該要倚躺在泳池畔的躺椅上面，徹底地靜心放鬆。欣賞只有在這裡才看得到的美好風景。

POINT 3. 在無邊際泳池裡一覽絕美大海風景。

呈現在眼前的遼闊景色是遙望古宇利島的絕美景觀。徜徉在似與湛藍海洋融為一體的無邊際泳池裡，觀察時刻變化的天空面貌，也是一段奢侈的幸福時光。

POINT 4. 將起居室和寢室分隔開來的房間令人心情愉悅。

起居室、寢室和廚房皆有獨立空間，運用起來非常地得心應手。就算是長期住宿應該也不會感受到一絲壓力。

POINT 5. 在此可以獨佔這片美麗的秘密沙灘。

自飯店走下樓梯，即可抵達秘密沙灘。天氣好的時候，甚至還可以遠眺伊是名・伊平屋島。

chillma

チルマ

美麗海水族館周邊 MAP P.176 E-2

☎050-5810-3978 今帰仁村運天506-1 從許田IC出發約23km Ⓟ有

IN 14:00 OUT 10:00

●費用／1晚5萬8000日圓～

●客房數／4

別墅感的住宿體驗
古宇利島的世外桃源

即便是觀光客絡繹不絕的古宇利島，到了晚上也會回歸寂靜。若是住宿在這棟坐落於高台上，一天限定一組房客的高隱私別墅飯店，不論是星空或是清晨海景，都能完全獨占。能在位於別墅之外的餐廳裡享用到的晚餐也是自信之作。

ワンスイートホテル&
リゾート古宇利島

ワンスイートホテル アンド
リゾートこうりじま

美麗海水族館周邊 MAP P.176 F-2
☎0980-51-5030 今帰仁村古宇利466-1 從許田IC出發約25km Ⓟ有
IN 15:00 OUT 11:00
●費用／附早餐1晚2萬8080日圓～
●客房數／1

POINT
1. 屋頂按摩浴缸的風景
無以倫比的至極美麗。

位於古宇利島高台，所以向外眺望的景觀可說是首屈一指。放鬆地躺在按摩浴缸裡的同時，也盡情徜徉於醉人的絕美海景吧！

POINT
2. 海景咖啡廳極為美味的
法式料理恭迎到訪。

在可遙望古宇利大橋的「L LOTA」餐廳，可以品嚐到出身銀座名店的主廚所烹調的道地法式料理。請務必一嚐這難以忘懷的美味。

POINT
3. 一到晚上，整個夜空
便會撒滿燦爛星辰。

一到夜晚便被黑暗所籠罩的古宇利島，正是最合適的觀星地點。愜意地躺臥在露台上面，找尋劃過天際的流星吧！

OKINAWA MY BEST HOTELS | 08

ONE SUITE Hotel & Resort KOURI ISLAND

ワンスイートホテル&リゾート古宇利島

POINT
4. 一天限定入住一組房客
完全私人獨占的安心感難以抗拒。

到另外一棟設有服務台的建築物辦理入住之後，再驅車前往入住別墅。規劃了挑高天花板和大片玻璃窗設計的起居室，充滿十足的空間開放感。自此處向窗外眺望的海景，美到像是一幅風景畫。

D
E
F
1
2
3
4
5
南風原北IC
西原町
当添漁港
知名崎
大里内原公園
ザ・ビッグ・エクスプレス
須久名山
津波古
佐敷津波古
英魂之塔
馬天港
下圖
守礼カントリークラブ
あざま サンサンビーチ
冨祖崎公園
新里
市営新開球場
安座真城跡
斎場御嶽
仲間
P.56 Doucatty
知念吉富
稲嶺
知念岬公園
場天御嶽
佐敷上グスク
知念岬
ユインチホテル南城
P.67 カフェくるくま
南城市役所
BE NATURAL P.53
和魂乃塔
なんじょうし
南城市
知念漁港
雄樋川
親慶原
具志堅漁港
垣花樋川
P.101 atelier + shop COCOCO
琉球ゴルフ倶楽部
カフェ風樹 P.27
垣花城跡
志喜屋漁港
P.27 ビン food + cafe 'eju'
アドチ島
P.76 CAVE CAFE
玉城城跡
県立玉城少年自然の家
浜川御嶽
おきなわワールド
百名ビーチ
玉泉洞
うみかぜホースファーム P.97
海坐
やえせちょう
八重瀬町
玉城堀川
食堂かりか P.66
P.69 浜辺の茶屋
新原ビーチ P.27
奥武橋
P.59 沖縄そばと茶処 屋宜家
奥武島
新原海底観光センター
太平洋
雄樋川大橋
中本てんぷら店 P.45·119
なかのや P.59
奥武ビーチ
具志頭
南国食堂 P.46
具志頭城跡
自然橋(ハナンダー) P.27
ホロホローの森 P.27
斎場御嶽
N
0 150 300m
1:30,000
安座真港
知念安座真
与那原町
あざま サンサンビーチ
安座真ムーンライト・テラス
知念海洋レジャーセンター
安座真城跡
なんじょうし
南城市
P.27·121 斎場御嶽
オリーヴの木
知念久手堅
虹亀商店 P.57
Roaster Cafe JYO GOO.
知念図書館
吉富
知念局
がんじゅう駅 南城
南城市地域物産館
知念吉富
知念体育館
ニライ橋·カナイ橋
知念岬公園
知念岬
Cafe 森のテラス P.71
知念知念
糸満市
P.178 山原
国頭村
P.176 美麗海水族館周邊
本部町
名護市
P.174 西海岸度假區
恩納村
P.172 宜野灣·北谷
北谷町
うるま市
宜野湾市
浦添市
那覇市
P.170 那覇機場
南城市
糸満市
P.168 平和祈念公園

A
B
C
那覇機場 P.170
航空自衛隊
宮城
豊見城
長嶺城跡
津嘉山
南風原町
南風原南
南部農林高校
豊見城市
具志
Jef 豊見城店 P.61·111
我那覇
琉球温泉龍神の湯 P.110
P.110 瀬長島ウミカジテラス
瀬長島
P.61 Eightman's SEABURG
P.109·110 BRANCHES by TILLA EARTH
P.110 KAME ANDAGI
P.115 HAMMOCK CAFE LA ISLA
P.31 海洋食堂
豊見城署
豊見城市役所
高安
豊見城総合公園
那覇機場自動車道
山川橋
宜次東
外間
名嘉地
豊見城・名嘉地
豊見城道路
平良
渡嘉敷
豊見城
豊見城カントリー倶楽部
与根
与根漁港
イオンタウン
武富
伊覇
ホテルグランビューガーデン沖縄
豊見城南高校
豊崎ライフスタイルセンター TOMITON
上田原
P.111 道の駅 豊崎
沖縄アウトレットモール あしびなー
小城
八重瀬町役場
豊崎海浜公園
豊崎美らSUNビーチ
北波平
西部プラザ公園
東風平運動公園
報得川高架橋
阿波根
琉球の館沖縄伝統工芸館
西崎運動公園
東風平南
東風平
西崎親水公園
座波
P.129 糸満漁民食堂
サンプラザいとまん
P.119 西南門小カマボコ屋
道の駅 いとまん(糸満市物産センター遊・食・来)
豊原
糸満海のふるさと公園
沖縄水産高校
照屋東
与座
南部工高
P.111 美々ビーチいとまん
糸満署
いとまんし
糸満市
高良
白梅学徒看護隊之壕
サザンビーチホテル&リゾート沖縄
糸満港
糸満道路
大里
糸満公設市場
糸満高
南山城跡
与座岳
いなみね冷し物専門店お食事処 P.117
東海
糸満市役所
パームヒルズゴルフリゾート
国吉
新垣
潮崎町
ロンドン杜公園
真栄里
白梅之塔
眞山之塔
勝連病院
栄里の塔
南山カントリークラブ
機織工房しょ
南部病院
真栄平
仲座
エージナ島
伊敷
真壁
名城集落
ペンション喫茶南の楽園
宇江城
小波蔵
うちなーファーム
名城ビーチ
南波平
P.39 琉球ガラス村
P.39 ひめゆりの塔・ひめゆり平和祈念資料館
喜屋武漁港
福地
P.39 平和祈念公園
ひむかいの塔
米須
伊原
米須
摩文仁の丘
おきなわファミリーランド
沖縄平和祈念堂
沖縄県平和祈念資料館
ジョン万次郎上陸地
大度浜海岸
魂魄之塔
喜屋武
開南健児の塔
平和創造の森公園
束里
具志川城跡
平和の塔
喜屋武岬
荒崎
圖示
7-11
LAWSON
全家
MINISTOP
麥當勞
肯德基
LOTTERIA
DOUTOR
星巴克
加油站
平和祈念公園
N 0 0.5 1km
1:77,500

D
E
F
1
2
3
4
5
那覇機場
N 0 0.5 1km
1:77,500
宜野湾市
米軍施設
普天間飛行場
Jimmy's 大山店 P.126
CHICAGO ANTIQUES on ROUTE58 P.88
宜野湾
mofgmona P.75
沖縄国際大
宗像堂 P.43
沖縄薬草ワールド
ハッピーモア市場 P.113·121
志真志
比屋良川
西原
南上原
琉球大
西原
棚原
医学部附属病院
上原
西原グリーンセンター
掛保久
沖縄自動車道
呉屋
幸地
内間
西原町
小那覇
西原Jct
池田
西原町役場
安室
そば P.59
松月堂 P.95
TE P.80·95
沖縄カントリークラブ
兼久
与那原
茶房 あしびうなぁ P.63
西原きらきらビーチ
沖縄女子短大
与那原町
与那原
与那覇
東浜
中城灣
南風原北
与那原町役場
軽便与那原駅舎展示資料館
サンエー
当添漁港
大里内原公園
ザ・ビッグ・エクスプレス
津波古
佐敷津波古
里仲間
馬天港
風原町
仲間
富祖崎公園
新里
市営新開球場
稲嶺
大里勤労者体育センター
ユインチホテル南城
南城市役所
南城市
航空自衛隊
稲嶺
玉城愛地
知念城跡
平和祈念公園
知名崎
須久名山
英魂之塔
守礼カントリークラブ
P.168
あざま サンサンビーチ
安座真城跡
斎場御嶽
知念吉富
知念岬公園
知念岬
北中城IC
北中城
オーシャンキャッスルカントリークラブ
新垣
添石
北上原
中城村役場
当間
中城村
吉の浦公園
南上原
奥間
北浜
港川外人住宅周邊
N 0 50 100m
1:12,000
牧港中央病院
牧港
ファラオ
ホームセンターさくもと
ヤマダ電機
ネッツトヨタ
浦添海邦病院
アベイル
港川
浦添市
港川(2)
Cafe Restaurant La Vita
Limpid
ホンダ
P.85 OKINAWA CERRADO COFFEE Beans Store
P.85 Secondo Casa
藤井衣料店
P.84·101·109·113 Proots
PORTRIVER MARKET P.84·91·106·109·113
城間
COCOROAR CAFE
日産
ippe coppe P.43·84
[oHacorté] 港川本店
喫茶ニワトリ P.117
港川中
P.85 AMERICAN WAVE

A
B
C
宜野灣・北谷 P.172
P.178 山原
國頭村
P.176 美麗海水族館周邊
本部町
名護市
P.174 西海岸度假區
恩納村
P.172 宜野灣・北谷
北谷町
うるま市
宜野湾市
浦添市
那覇市
P.170 那覇機場
南城市
糸満市
P.168 平和祈念公園
東海
浦添市
仲西
右圖
港川
P.45 A&W牧港店
P.30 高江洲そば
ブルーシール 牧港本店
ムーンオーシャン宜野湾ホテル＆レジデンス
牧港灣
西洲
米軍施設
城間
大平
食品加工店 プカプカプーカ
浦添市役所
県中央卸売市場
国立劇場おきなわ
宮城
勢理客
安謝
新港ふ頭船客待合所
経塚の碑
P.45 プエノキッチン
琉球古来すば 御殿山
沖縄そばの店 しむじょう
P.80・113 食堂黒猫
A-Line Ferry
Marix Line
那覇新港
天久
P.126 サンエー 那覇メインプレイス
古島
P.143 沖縄の台所 ぱいかじ 上之屋店
末吉公園
P.143 潭亭
座間味村渡輪
渡嘉敷村渡輪
粟國村渡輪
久米商船
那覇港
泊港
泊
P.94・121 首里城公園
P.129・143 海のちんぼらぁ
P.95 龍潭
若狭
ダブルツリーbyヒルトン 那覇首里城
P.154 ハイウェイ食堂
P.117 千日
安里
大道
P.95・121 玉陵
P.149 ステーキハウス88辻本店
那覇市
P.95 首里金城村屋
P.143 郷土料理の琉音
P.126 タウンプラザかねひで にしのまち市場
県庁前
P.95 首里金城町 石畳道
P.149 ジャッキーステーキハウス
沖縄県庁
那覇機場
旭橋
那覇市役所
那覇港ターミナル
P.180
P.95 首里金城の 大アカギ
P.63 波布食堂
ANAクラウンプラザホテル 沖縄ハーバービュー
園比屋武御嶽石門
新川
那覇機場
陸上自衛隊
樋川
識名
P.111 わしたショップ
垣花
奥武山公園
島ちゃん食堂 P.30
P.121
P.111 [oHacorté]
識名園 P.121
都市單軌電車
沖縄大
大嶺崎
那覇機場
漫湖公園
国場
海上自衛隊
小禄
漫湖
国場
南風原町役
航空自衛隊
赤嶺
とよみ大橋
豊見城
マックスバリュ
長嶺城跡
宮城
黄金
津嘉山
豊見城市
南部農林高
南風原南
具志
我那覇
那覇機場自動車道
高安
山川橋
豊見城・名嘉地
豊見城市役所
豊見城総合公園
宜次東
瀬長島
豊見城署
外間
名嘉地
平良
豊見城道路
渡嘉敷
豊見城
豊見城カントリー倶楽部
与根
与根
与根漁港
伊覇
武富
豊見城南高
上田原
糸満市
糸満市
小城
平和祈念公園 P.168

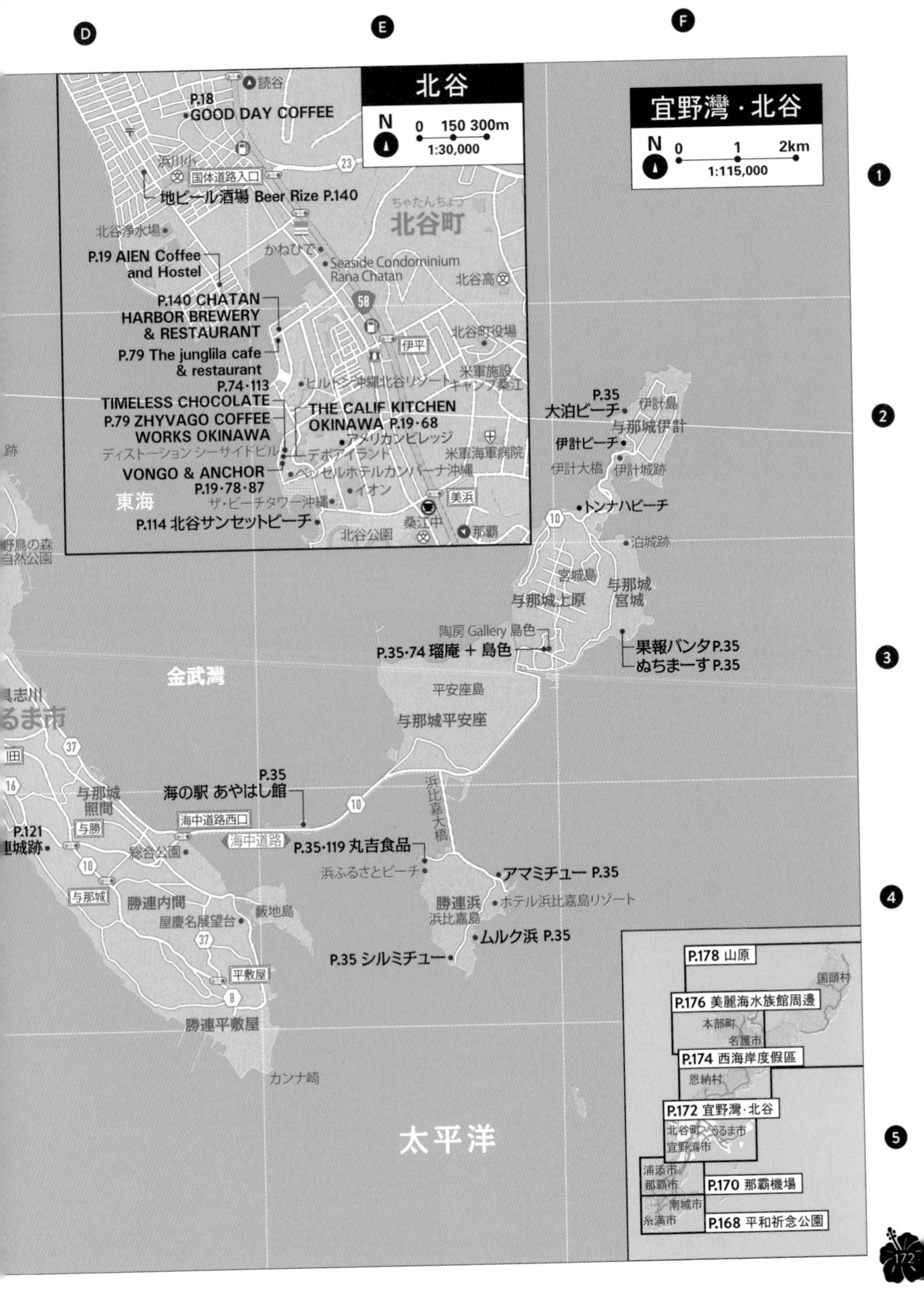

宜野灣・北谷
N 0 1 2km
1:115,000
北谷
N 0 150 300m
1:30,000
讀谷
P.18 GOOD DAY COFFEE
浜川小
國体道路入口
地ビール酒場 Beer Rize P.140
北谷浄水場
ちゃたんちょう
北谷町
かねひで
Seaside Condominium Rana Chatan
北谷高
P.19 AIEN Coffee and Hostel
P.140 CHATAN HARBOR BREWERY & RESTAURANT
P.79 The junglila cafe & restaurant
北谷町役場
伊平
米軍施設キャンプ桑江
ヒルトン沖縄北谷リゾート
P.74·113 TIMELESS CHOCOLATE
P.79 ZHYVAGO COFFEE WORKS OKINAWA
THE CALIF KITCHEN OKINAWA P.19·68
アメリカンビレッジ
ディストーション シーサイドビル
デポアイランド
米軍海軍病院
VONGO & ANCHOR P.19·78·87
ベッセルホテルカンパーナ沖縄
イオン
美浜
東海
ザ・ビーチタワー沖縄
P.114 北谷サンセットビーチ
桑江中
北谷公園
那覇
P.35 大泊ビーチ
伊計島
与那城伊計
伊計ビーチ
伊計大橋
伊計城跡
トンナハビーチ
泊城跡
宮城島
与那城上原
与那城宮城
陶房 Gallery 島色
P.35·74 瑠庵 + 島色
果報バンタ P.35
ぬちまーす P.35
金武灣
平安座島
与那城平安座
るま市
与那城照間
P.35 海の駅 あやはし館
海中道路西口
海中道路
浜比嘉大橋
与勝
P.121
総合公園
P.35·119 丸吉食品
浜ふるさとビーチ
アマミチュー P.35
与那城
勝連内間
勝連浜
浜比嘉島
ホテル浜比嘉島リゾート
藪地島
屋慶名展望台
ムルク浜 P.35
P.35 シルミチュー
平敷屋
勝連平敷屋
カンナ崎
太平洋
P.178 山原
國頭村
P.176 美麗海水族館周邊
本部町
名護市
P.174 西海岸度假區
恩納村
P.172 宜野灣·北谷
北谷町
うるま市
宜野灣市
浦添市
那覇市
P.170 那霸機場
南城市
糸満市
P.168 平和祈念公園

A
B
C
西海岸度假區
P.39 殘波岬
殘波ビーチ
殘波岬公園
Royal Hotel 沖縄殘波岬
THE UZA TERRACE BEACH CLUB VILLAS P.91·159
貸切ガイド専門 青の洞窟屋（集合場所）
真栄田岬
P.119 GOZZA
琉球村
仲泊遺跡
仲泊
恩納村
真栄田
山田
宇座
一翠窯 P.101
P.131 膳 -ZEN-
P.131 mintama
P.104 ホテル日航アリビラ
ニライビーチ
高志保
体験王国 むら咲むら
座喜味城跡 P.121
読谷山焼北窯売店 P.99
cafe 七色の風 P.70
パン屋水円 P.42
P.117 鶴亀堂ぜんざい
喜名
金月そば P.59
読谷村役場
コンドミニアム モリマーリゾートホテル
伊良皆
楚辺
P.63 島やさい食堂 てぃーあんだ
tou cafe and gallery P.75
P.113 ゆんた市場
読谷村
ビオスの丘
沖縄ロイヤルゴルフクラブ
ココガーデンリゾートオキナワ
石川署
石川
石川赤崎
赤崎1丁目
石川バイパス
石川公園
P.165 Cailana & Capful
NIWA CAFE P.12
石川東恩納
東恩納南
石川楚南
沖縄自動車道
昆布
栄野比
展望タワー
倉敷ダム
池原
安慶名
西原
うるま市
沖縄市
沖縄北
P.102·113 東南植物楽園
兼箇段城跡
牧原
比謝川
大工廻
木綿原遺跡
道の駅 かでな
安保の見える丘
渡具知
渡具知ビーチ
兼箇段
嘉手納署
嘉手納町役場
知花城跡
市民芸術劇場
米軍施設 嘉手納飛行場
嘉手納町
兼久海浜公園
嘉手納マリーナ
松本
江洲仲原
P.119 丸一食品
沖縄南
住吉
コザ十字路
古謝
下勢頭
砂辺
P.61 GORDIE'S
P.63 がじまる食堂
上勢頭
沖縄市観光協会
沖縄市役所
桃原
ユニオン
ホテルコザ
コザ運動公園
海邦公園
右上圖
伊平
山内
SEÑOR TACO P.45
東海
北谷町役場
北谷町
イオン
吉原
中部徳州会病院
泡瀬
パブラウンジエメラルド P.148
オキナワグランメールリゾート
ライカム
P.28 Rose Garden
AEON MALL OKINAWA RYCOM P.39
比屋根
県総合運動公園
北中城
北谷公園
P.87 アラハビーチ
北谷
P.108 Ryukyu rogua
北谷
喜舎場スマートIC
北中城村役場
石平
PLOUGHMAN'S LUNCH BAKERY P.43
伊佐北
安谷屋
北中城
P.119 タコス専門店メキシコ
P.108 D&DEPARTMENT OKINAWA by OKINAWA STANDARD
P.61 BOASORTE
宜野湾海浜公園
宜野湾トロピカルビーチ
PEARL. P.89
宜野湾市役所
中城城跡 P.121
中城湾
P.89 UNCLE SAM
中城PA
ムーンオーシャン宜野湾
宜野湾署
宜野湾市
オーシャンキャッスルカントリークラブ
添石
普天間飛行場
中城村
那覇機場

D E F

山原（やんばる）P.178
本部町
宮里
宮里3
大西
名護東道路
またきな大橋
多野岳
真喜屋
21世紀の森公園
名護市役所
名護城跡
名護博物館
名護岳
名護
P.51 島豆腐と、おそば。真打田仲そば
名護警察署
世冨慶
名護灣
大川
大浦川
なごし
名護市
数久田
国頭方西海道
轟の滝
瀬嵩
大浦
東村
大浦マングローブロード
数久田
二見
汀間
ザ・ブセナテラス P.105·115
部瀬名岬
ザ・テラスクラブ アットブセナ
許田漁港
道の駅 許田（やんばる物産センター）
カヌチャゴルフコース
カヌチャベイホテル＆ヴィラズ
ブセナビーチ
ナゴパラダイス
かねひで喜瀬ビーチパレス
許田
許田
辺野古岳
観光闘牛場
海中公園
許田ゴルフクラブ
石岳
久志岳
幸喜公園
幸喜ビーチ
オキナワ マリオット リゾート ＆ スパ P.105
ザ・リッツ・カールトン沖縄 P.105·157
ダイニング グスク P.130
辺野古ダム
沖縄スパリゾート エグゼス
かねひで喜瀬カントリークラブ
久志岳ゴルフガーデン
辺野古バイパス
キャンプシュワーブ
辺野古
辺野古西
長島
沖縄かりゆしビーチリゾート・オーシャンスパ
久志
豊原
辺野古崎
平島
嘉真
コンドミニアムホテルしまんちゅクラブ
恩納サンセットモール
大川ダム
松田北
鍋川ダム
宜野座ダム
宜野座カントリークラブ
ぎのざそん
宜野座村
宜野座
かんな湖
漢那ダム
松田
国際交流村（休館中）
宜野座村役場
宜野座
沖縄自動車道
漢那
惣慶
道の駅 ぎのざ
かんな病院
漢那ビーチ
リブマックス アムス・カンナリゾートヴィラ
金武ダム
Café がらまんじゃく P.63
ハンセン
金武
億首川のマングローブ林
役場
金武
キングタコス 金武本店 P.45
金武岬
太平洋
P.178 山原
国頭村
P.176 美麗海水族館周邊
本部町
名護市
P.174 西海岸度假區
恩納村
北谷町
うるま市
宜野湾市
P.172 宜野灣・北谷
浦添市
那覇市
P.170 那覇機場
南城市
糸満市
P.168 平和祈念公園
西海岸度假區
N
0 1 2km
1:115,000

1 2 3 4 5

西海岸
N 0 250 500m
1:40,000
リザンシーパークホテル谷茶ベイ
P.120 PANZA沖縄
シェラトン沖縄 サンマリーナリゾート
恩納ガラス工房
カフー リゾート フチャク コンド・ホテル
沖縄国際ゴルフ倶楽部
名護市
東海
富着ビーチ
富着
タイガービーチ
ホテルモントレ沖縄 スパ & リゾート
P.104·161 HOTEL Moon Beach
ムーンビーチ
P.115 カフェテラス『ボワール』
恩納村
かねひで恩納マリンビューパレス
P.105 ルネッサンス リゾート オキナワ
前兼久漁港
前兼久
カフェギャラリー 土花土花
P.153 SEA SIDE DRIVE-IN
仲泊
P.117 琉冰 おんなの駅店
P.130 海風
恩納村博物館
カサ・ラ・ティーダ
ホテルサンセットヒル
石川
うるま市
おんなの駅 なかゆくい市場
仲泊遺跡
読谷
山田
石川伊波
石川IC
美麗海水族館周邊 P.176
御菓子御殿 恩納店
ハイアット リージェンシー 瀬良垣アイランド 沖縄
P.59 なかむらそば
P.90 MAGENTA n blue
万座ビーチ
ANAインターコンチネンタル 万座ビーチリゾート
オリエンタルヒルズ沖縄
ミッション
瀬良垣
P.39 万座毛
恩納海浜公園 ナビービーチ
田中果実店 P.117
美らオーチャード ゴルフ倶楽部
安富祖
琉球銘菓 三矢本舗 恩納店
恩納村役場
万座毛
恩納バイパス
ジ・アッタテラス クラブタワーズ
La Casa Panacea Okinawa Resort
東海
恩納
恩納岳
赤間運動場
沖縄自動車道
ザ・ペリドット スマートホテル タンチャワード
谷茶
伊芸SA
金武
上圖
シェラトン沖縄 サンマリーナリゾート
沖縄国際ゴルフ倶楽部
HOTEL Moon Beach
前兼久
屋嘉
伊芸
屋嘉
屋嘉漁港
P.39 真栄田岬
裏真栄田ビーチ
貸切ガイド専門 青の洞窟屋(集合場所)
恩納村
東山カントリークラブ
石川
仲泊遺跡
仲泊
石川署
石川赤崎
金武灣
赤崎1丁目
残波岬
琉球村
うるま市
石川
金武湾港
石川火力発電所
真栄田
山田
石川公園
ビオスの丘
読谷村
沖縄北IC
ココガーデンリゾート オキナワ
宜野灣・北谷 P.172

山原（やんばる）P.178
西海岸度假區 P.174

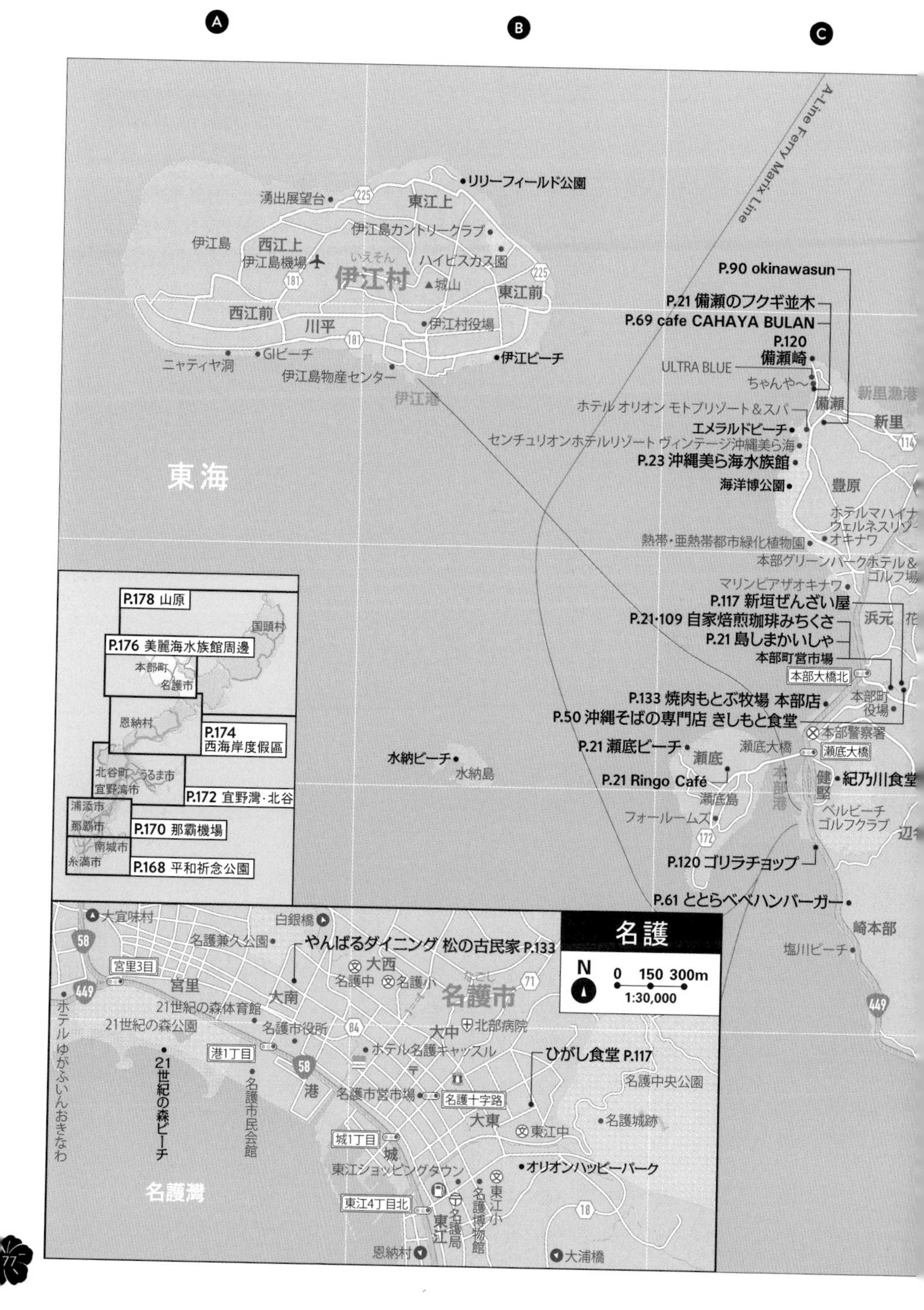
A
B
C
A-Line Ferry Marix Line
リリーフィールド公園
湧出展望台
東江上
伊江島カントリークラブ
伊江島
西江上
伊江島機場
ハイビスカス園
いえそん
伊江村
城山
東江前
西江前
川平
伊江村役場
GIビーチ
ニャティヤ洞
伊江島物産センター
伊江ビーチ
伊江港
東海
P.90 okinawasun
P.21 備瀬のフクギ並木
P.69 cafe CAHAYA BULAN
P.120 備瀬崎
ULTRA BLUE
ちゃんや〜
備瀬
新里漁港
新里
ホテル オリオン モトブリゾート＆スパ
エメラルドビーチ
センチュリオンホテルリゾート ヴィンテージ沖縄美ら海
P.23 沖縄美ら海水族館
海洋博公園
豊原
ホテルマハイナ ウェルネスリゾート オキナワ
熱帯・亜熱帯都市緑化植物園
本部グリーンパークホテル＆ゴルフ場
マリンピアザオキナワ
P.117 新垣ぜんざい屋
P.21·109 自家焙煎珈琲みちくさ
浜元
P.21 島しまかいしゃ
本部町営市場
本部大橋北
P.133 焼肉もとぶ牧場 本部店
本部町役場
P.50 沖縄そばの専門店 きしもと食堂
本部警察署
P.21 瀬底ビーチ
瀬底大橋
瀬底
P.21 Ringo Café
本部港
健堅
紀乃川食堂
瀬底島
フォールームス
ベルビーチゴルフクラブ
P.120 ゴリラチョップ
P.61 ととらべべハンバーガー
崎本部
塩川ビーチ
水納ビーチ
水納島
P.178 山原
国頭村
P.176 美麗海水族館周邊
本部町
名護市
恩納村
P.174 西海岸度假區
北谷町
うるま市
宜野湾市
P.172 宜野灣・北谷
浦添市
那覇市
P.170 那覇機場
南城市
糸満市
P.168 平和祈念公園
名護
N
0 150 300m
1:30,000
大宜味村
白銀橋
名護兼久公園
やんばるダイニング 松の古民家 P.133
宮里3丁目
宮里
大西
名護中
名護小
なごし
名護市
大南
21世紀の森体育館
21世紀の森公園
名護市役所
大中
北部病院
港1丁目
ホテル名護キャッスル
ひがし食堂 P.117
ホテルゆがふいんおきなわ
21世紀の森ビーチ
名護市民会館
港
名護市営市場
名護十字路
名護中央公園
大東
名護城跡
東江中
城1丁目
城
東江ショッピングタウン
オリオンハッピーパーク
名護湾
東江4丁目北
東江小
名護博物館
名護局
東江
恩納村
大浦橋

山原
N
0 1 3km
1:220,000
宇佐浜遺跡
辺戸岬
ヤンバルクイナ展望台
大石林山
辺戸
世皮崎
茅打バンタ
辺戸御嶽
奥港
宜名真神社
奥
宜名真
民宿 海山木
58
70
赤崎
尾西岳
奥川
宇嘉
西銘岳
楚洲
伊江川
辺野喜
辺野喜ダム
伊集の湖
佐手
我地
国頭方西海道
くにがみそん
国頭村
我地川
謝敷
佐手川
58
2
与那川
照首山
安田
伊地
伊部岳
P.119 道の駅
ゆいゆい国頭
与那
2
赤丸岬
フエンチヂ岳
安田ヶ島
辺土名北
国頭村役場
フンガー湖
ヤンバルクイナ
生態展示学習施設「クイナの森」
辺土名
70
イシキナ崎
オクマビーチ
奥間
東洋果樹園
半地
奥間
クイナ湖
カツセノ崎
安波
安波ビーチ
与那覇岳
安波のサキシマスオウノキ
比地大滝
与那覇岳
安波ダム
浜
天然保護区域
床川
YambaruBlue P.25
喜如嘉集落
高江
大宜味村立芭蕉布会館
安波
田嘉里
宇嘉川
喜如嘉
赤又山
伊湯岳
がじまんろー P.73
大宜味
おおぎみそん
大宜味村
大崎
新川
押川
ヒロ・コーヒーファーム P.81
高江
新川崎
331
大保ダム
自然観察船ゴンミキ号
福地ダム
70
大宜味農園
福上湖
平良
東村役場
宮城
川田
ギナン崎
平良湾
東村ふれあいヒルギ公園
慶佐次大橋
やんばる.クラブ P.24
コテージティンガーラ
天仁屋崎
太平洋
バン崎
P.178 山原
国頭村
P.176 美麗海
水族館周邊
名護市
恩納村
P.174
西海岸度假區
北谷町
うるま市
宜野湾市
P.172 宜野灣・北谷
浦添市
那覇市
P.170 那覇機場
南城市
糸満市
P.168 平和祈念公園

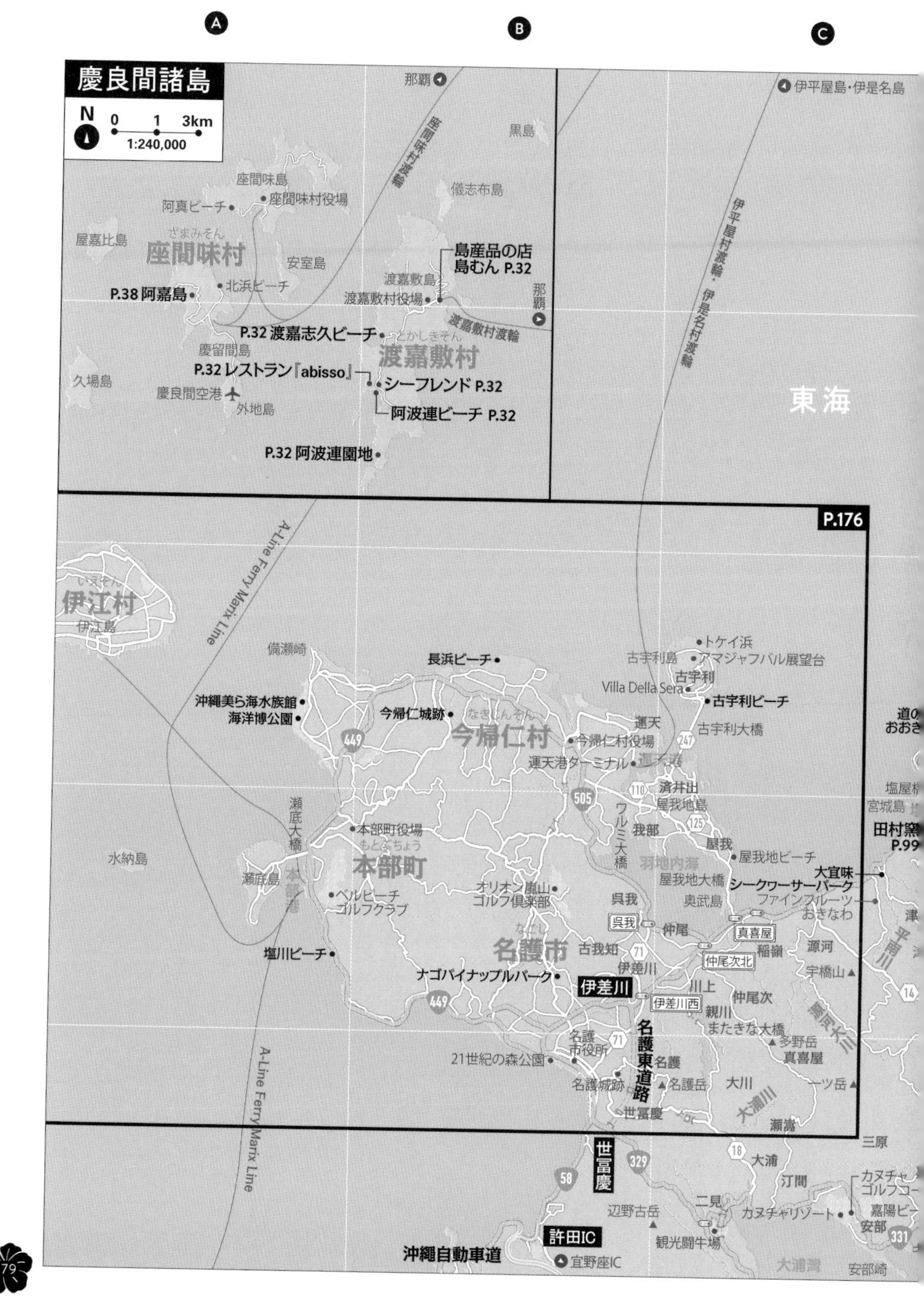

A
B
C
慶良間諸島
N
0 1 3km
1:240,000
那覇
伊平屋島・伊是名島
座間味村渡輪
黒島
座間味島
儀志布島
阿真ビーチ
座間味村役場
伊平屋村渡輪・伊是名村渡輪
屋嘉比島
ざまみそん
座間味村
安室島
島産品の店
島むん P.32
渡嘉敷島
P.38 阿嘉島
北浜ビーチ
渡嘉敷村役場
那覇
渡嘉敷村渡輪
P.32 渡嘉志久ビーチ
とかしきそん
慶留間島
渡嘉敷村
P.32 レストラン『abisso』
シーフレンド P.32
久場島
慶良間空港
外地島
阿波連ビーチ P.32
東海
P.32 阿波連園地
P.176
A-Line Ferry Marix Line
いえそん
伊江村
伊江島
トケイ浜
古宇利島
アマジャフバル展望台
備瀬崎
長浜ビーチ
古宇利
Villa Della Sera
古宇利ビーチ
沖縄美ら海水族館
海洋博公園
今帰仁城跡
なきじんそん
運天
古宇利大橋
449
今帰仁村
今帰仁村役場
247
運天港ターミナル
運天港
済井出
110
屋我地島
505
ワルミ大橋
125
瀬底大橋
本部町役場
もとぶちょう
我部
屋我
屋我地ビーチ
水納島
本部町
羽地内海
大宜味
田村窯
P.99
瀬底島
本部港
オリオン嵐山ゴルフ倶楽部
屋我地大橋
シークヮーサーパーク
ファインフルーツおきなわ
ベルビーチゴルフクラブ
呉我
奥武島
なご
呉我
仲尾
真喜屋
塩川ビーチ
名護市
古我知
71
稲嶺
源河
伊差川
仲尾次北
宇橋山
ナゴパイナップルパーク
伊差川
川上
449
伊差川西
仲尾次
親川
またきな大橋
名護市役所
71
名護東道路
多野岳
21世紀の森公園
名護
真喜屋
名護城跡
名護岳
大川
一ツ岳
大浦川
世冨慶
瀬嵩
三原
18
世冨慶
329
大浦
58
汀間
二見
辺野古岳
カヌチャリゾート
嘉陽
許田IC
観光闘牛場
安部
331
沖縄自動車道
宜野座IC
大浦湾
安部崎
平南川
道の駅おおぎみ
塩屋
宮城島
津
14

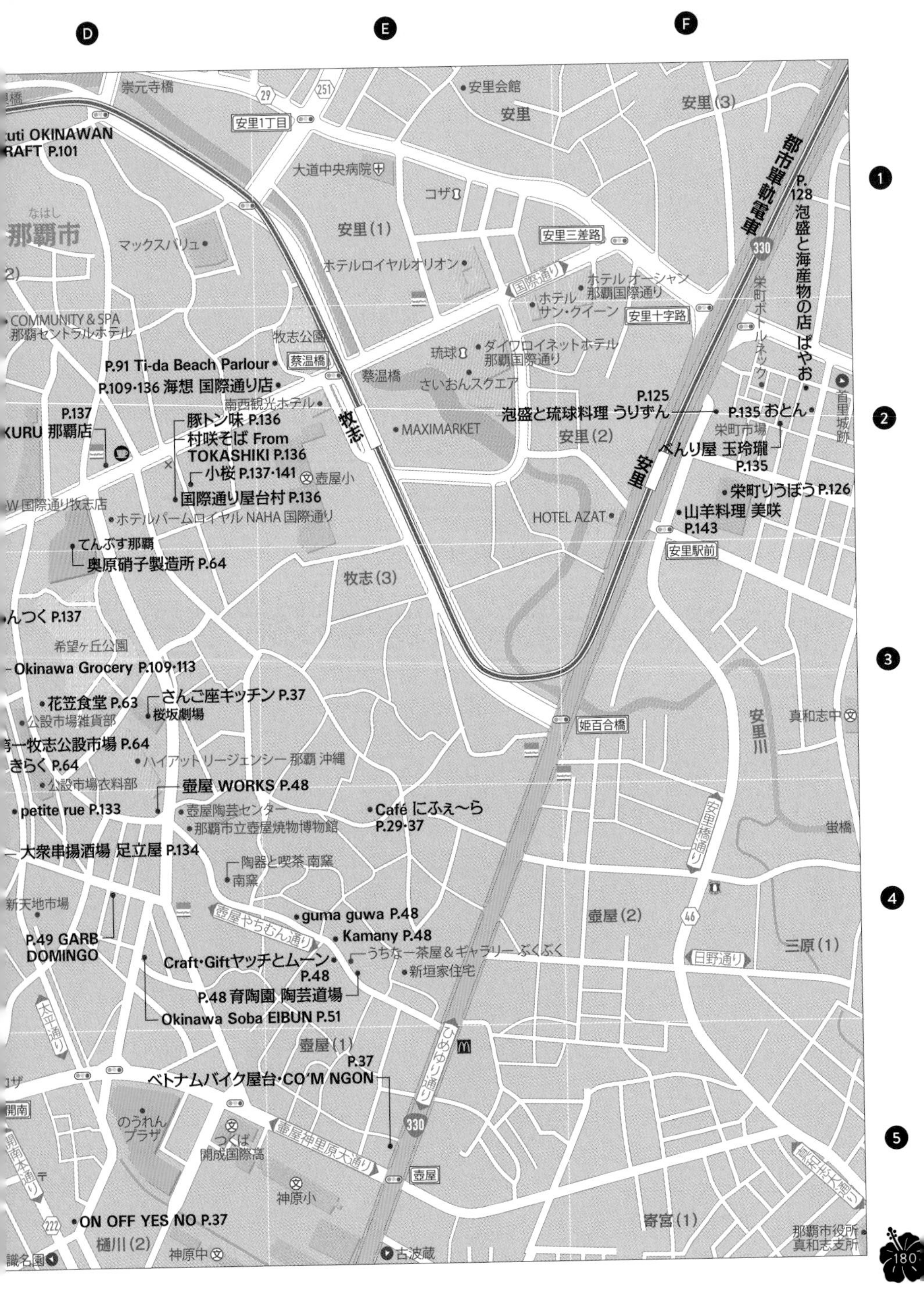

D
E
F
1
2
3
4
5
崇元寺橋
安里会館
安里
安里(3)
安里1丁目
uti OKINAWAN
RAFT P.101
大道中央病院
コザ
都市單軌電車
P.128 泡盛と海産物の店 ぱやお
那覇市
マックスバリュ
安里(1)
安里三差路
ホテルロイヤルオリオン
国際通り
ホテル オーシャン 那覇国際通り
ホテル サン・クイーン
安里十字路
COMMUNITY & SPA 那覇セントラルホテル
牧志公園
琉球
ダイワロイネットホテル 那覇国際通り
栄町ボトルネック
P.91 Ti-da Beach Parlour
蔡温橋
P.109·136 海想 国際通り店
さいおんスクエア
南西観光ホテル
P.125 泡盛と琉球料理 うりずん
P.135 おとん
首里城跡
P.137 KURU 那覇店
牧志
豚トン味 P.136
村咲そば From TOKASHIKI P.136
MAXIMARKET
安里(2)
栄町市場
べんり屋 玉玲瓏 P.135
小桜 P.137·141
壺屋小
安里
国際通り屋台村 P.136
栄町りうぼう P.126
W 国際通り牧志店
ホテルパームロイヤル NAHA 国際通り
HOTEL AZAT
山羊料理 美咲 P.143
てんぶす那覇
安里駅前
奥原硝子製造所 P.64
牧志(3)
んつく P.137
希望ヶ丘公園
Okinawa Grocery P.109·113
花笠食堂 P.63
さんご座キッチン P.37
桜坂劇場
真和志中
公設市場雑貨部
姫百合橋
安里川
第一牧志公設市場 P.64
きらく P.64
ハイアット リージェンシー 那覇 沖縄
公設市場衣料部
壺屋 WORKS P.48
petite rue P.133
壺屋陶芸センター
Café にふぇ〜ら P.29·37
那覇市立壺屋焼物博物館
安里橋通り
蛍橋
大衆串揚酒場 足立屋 P.134
陶器と喫茶 南窯
南窯
新天地市場
壺屋(2)
壺屋やちむん通り
guma guwa P.48
P.49 GARB DOMINGO
Kamany P.48
三原(1)
Craft·Giftヤッチとムーン P.48
うちなー茶屋&ギャラリー ぶくぶく
日野通り
新垣家住宅
P.48 育陶園 陶芸道場
Okinawa Soba EIBUN P.51
太平通り
ひめゆり通り
壺屋(1)
P.37 ベトナムバイク屋台·CO'M NGON
開南
のうれん プラザ
つくば 開成国際高
壺屋神里原大通り
開南本通り
壺屋
神原小
寄宮(1)
ON OFF YES NO P.37
樋川(2)
那覇市役所 真和志支所
識名園
神原中
古波蔵

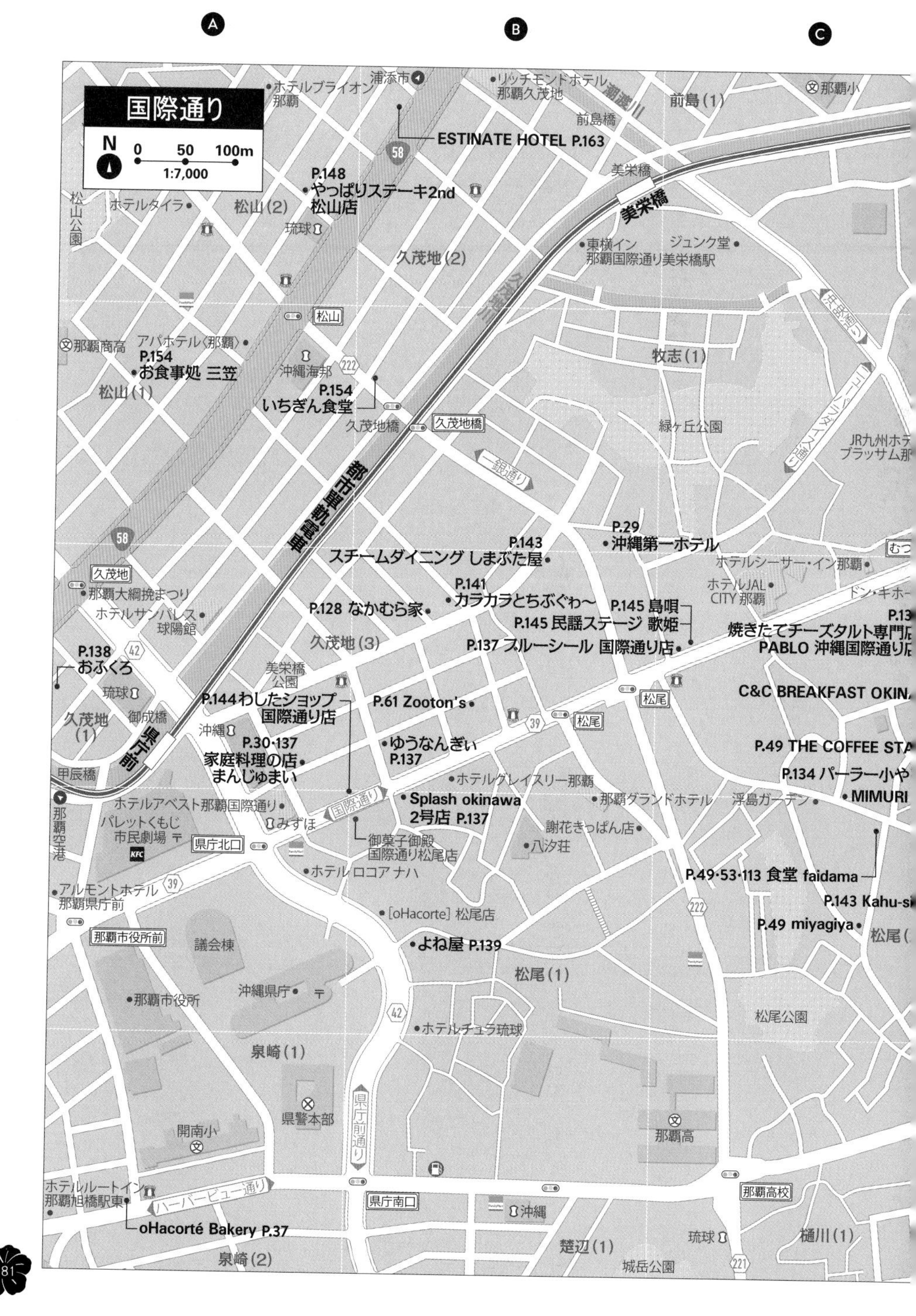

A
B
C
国際通り
N
0 50 100m
1:7,000
ホテルブライオン那覇
浦添市
リッチモンドホテル那覇久茂地
前島(1)
那覇小
ESTINATE HOTEL P.163
前島橋
美栄橋
P.148
やっぱりステーキ2nd 松山店
松山公園
ホテルタイラ
松山(2)
琉球
美栄橋
東横イン 那覇国際通り美栄橋駅
ジュンク堂
久茂地(2)
松山
那覇商高
アパホテル〈那覇〉
P.154
お食事処 三笠
沖縄海邦
牧志(1)
松山(1)
P.154
いちぎん食堂
久茂地橋
久茂地橋
緑ヶ丘公園
JR九州ホテル ブラッサム那覇
一銀通り
都市単軌電車
P.29
沖縄第一ホテル
P.143
スチームダイニング しまぶた屋
ホテルシーサー・イン那覇
久茂地
那覇大綱挽まつり
ホテルJAL CITY 那覇
ドン・キホーテ
P.141
カラカラとちぶぐわ〜
P.145 島唄
P.128 なかむら家
P.145 民謡ステージ 歌姫
ホテルサンパレス球陽館
P.138
おふくろ
久茂地(3)
P.137 ブルーシール 国際通り店
焼きたてチーズタルト専門店 PABLO 沖縄国際通り店
美栄橋公園
琉球
松尾
C&C BREAKFAST OKINAWA
P.144 わしたショップ 国際通り店
P.61 Zooton's
久茂地(1)
御成橋
沖縄
松尾
県庁前
P.30·137
家庭料理の店 まんじゅまい
ゆうなんぎぃ P.137
P.49 THE COFFEE STAND
甲辰橋
P.134 パーラー小やじ
ホテルグレイスリー那覇
ホテルアベスト那覇国際通り
Splash okinawa 2号店 P.137
那覇グランドホテル
浮島ガーデン
MIMURI
那覇空港
パレットくもじ
みずほ
国際通り
謝花きっぱん店
市民劇場
県庁北口
御菓子御殿 国際通り松尾店
八汐荘
ホテル ロコアナハ
P.49·53·113 食堂 faidama
アルモントホテル那覇県庁前
P.143 Kahu-si
[oHacorte] 松尾店
P.49 miyagiya
松尾(2)
那覇市役所前
議会棟
よね屋 P.139
松尾(1)
沖縄県庁
那覇市役所
松尾公園
ホテルチュラ琉球
泉崎(1)
県庁前通り
県警本部
開南小
那覇高
ホテルルートイン那覇旭橋駅東
ハーバービュー通り
県庁南口
那覇高校
沖縄
oHacorté Bakery P.37
琉球
樋川(1)
楚辺(1)
泉崎(2)
城岳公園
58
222
42
39
221

AIR TICKET

Q. 機票&住宿預約，要找哪一家比較划算？

A1. 先到比價網做確認！

想快速搜尋機票和飯店的話，可先到比價網做確認。可篩選條件只找機票或是機加酒等，快速找到合適的方案。

▶旅行比較網 TRAVELKO
https://www.tour.ne.jp/

A2. 確定不會取消的話就選廉價航空機票。

廉價航空多半單趟1萬日圓以下。如果確定不會變更航班，並可接受指定座位和託運行李要另外計價等規定，就能以便宜的價格買到機票。

A3. 可以提早確定行程就買早鳥優惠票。

在行程已經提早確定好的情況下，選購各家航空公司的早鳥優惠機票最為便宜。提前75天以上預約的話，還可能有機會買到優惠30%以上的機票。

A4. 想省時的話就選交通加住宿自由行。

如果覺得機票、飯店、租車都要自己找太麻煩，透過它們來預約就會方便許多*。依個人安排而比較划算的行程也為數不少。

推薦的網站

▶樂天旅遊
https://travel.rakuten.co.jp/

▶Jalan.net
https://www.jalan.net/

※交通加住宿自由行，主要以日本國內往返為主。

ACCESS FROM AIRPORT

Q. 想知道從機場出發的最佳交通方式！

A1. 前往那霸可乘坐單軌電車。

沖繩都市單軌電車（ゆいレール）自那霸機場～首里約27分鐘，要前往那霸市內或市內觀光都很方便。因為會在離地8～10m高的軌道上行駛，窗外風景也不錯。

A2. 一心求快的話就坐計程車。

沖繩計程車的起跳價是550日圓，相對便宜。從機場到國際通り的預估時間和價格約是10分鐘1100日圓～。兩人以上選搭計程車會輕鬆很多。

A3. 團體前往度假飯店，可選機場接送計程車。

採事先預約制，每個目的地都有一定的價格帶，大可放心。
●ザ・ビーチタワー沖縄…約需50分／5000日圓
●沖縄残波岬ロイヤルホテル…約需70分／7000日圓
●ルネッサンス リゾート オキナワ…約需70分／7000日圓
●インターコンチネンタル万座ビーチリゾート…約需70分／8000日圓
●ANAインターコンチネンタル万座ビーチリゾート…約需130分／1萬4000日圓

※費用與所需時間，會依計程車公司而有所不同。

A4. 直接前往大型飯店，搭乘接駁巴士是最佳選擇。

DE（1天3班）	D、DE、CD（1天5班）	C、CD（1天7班）	B（1天5班）	A（1天13班）
名護巴士總站	ザ・ブセナテラス	シェラトン沖縄サンマリーナ	ホテルムーンビーチ	ラグナガーデンホテル
車費2200日圓 約需2小時17分	車費2000日圓 約需1小時45分	車費1600日圓 約需1小時14分	車費1500日圓 約需1小時5分	車費600日圓 約需37分
センチュリオン ホテル 沖縄美ら海	オキナワ マリオット リゾート＆スパ	リザンシーパーク ホテル谷茶ベイ	ルネッサンスリゾート オキナワ	ザ・ビーチタワー沖縄
車費2500日圓 約需2小時49分	車費2100日圓 約需1小時50分	車費1600日圓 約需1小時18分	車費1500日圓 約需1小時13分	車費800日圓 約需46分
ホテルオリオン モトブリゾート＆スパ	ザ・リッツカールトン沖縄（1天1班）	ANAインターコンチネンタル万座ビーチリゾート	ホテル日航アリビラ	ヒルトン沖縄北谷リゾート
車費2500日圓 約需2小時52分	車費2100日圓 約需1小時53分	車費1700日圓 約需1小時37分	車費1500日圓 約需1小時33分	車費800日圓 約需1小時6分

※也有上記以外的下車地點。詳細請至沖繩巴士官網（URL okinawabus.com）或機場利木津巴士服務處（リムジンバス案内センター）（☎098-869-3301）洽詢。

Q. ISLAND TRAFFIC
關於租借汽車，從租借方式到預估移動時間

A2. 租車流程如下。

1.預約
事先於網路上預約指定的車輛型號。若遇旺季最好提早預約。

2.前往營業處
附有機場接機服務，可在抵達入境大廳外的中央步道附近等候接機車輛。

3.受理相關事項
辦理手續&付款。由於同一家航班抵達的人都會一併受理，所以最好要有久候的覺悟。

4.出發
確認車子外觀沒有刮傷。並請記得確認車子駕駛方法和汽車導航。

5.歸還
雖主要根據簽約內容，但請至營業處指定加油站加滿油再歸還車輛。

A1. 最划算的租借方式。

沖繩的車輛租賃，小型車從1天2500日圓起就可輕鬆借到。在比價網上面搜尋符合條件的便宜租車公司。

推薦的網站
▶Tabirai租車網 http://www.tabirai.net/car/ ▶沖楽 https://oki-raku.net/

A3. 掌握大約的移動時間&距離！

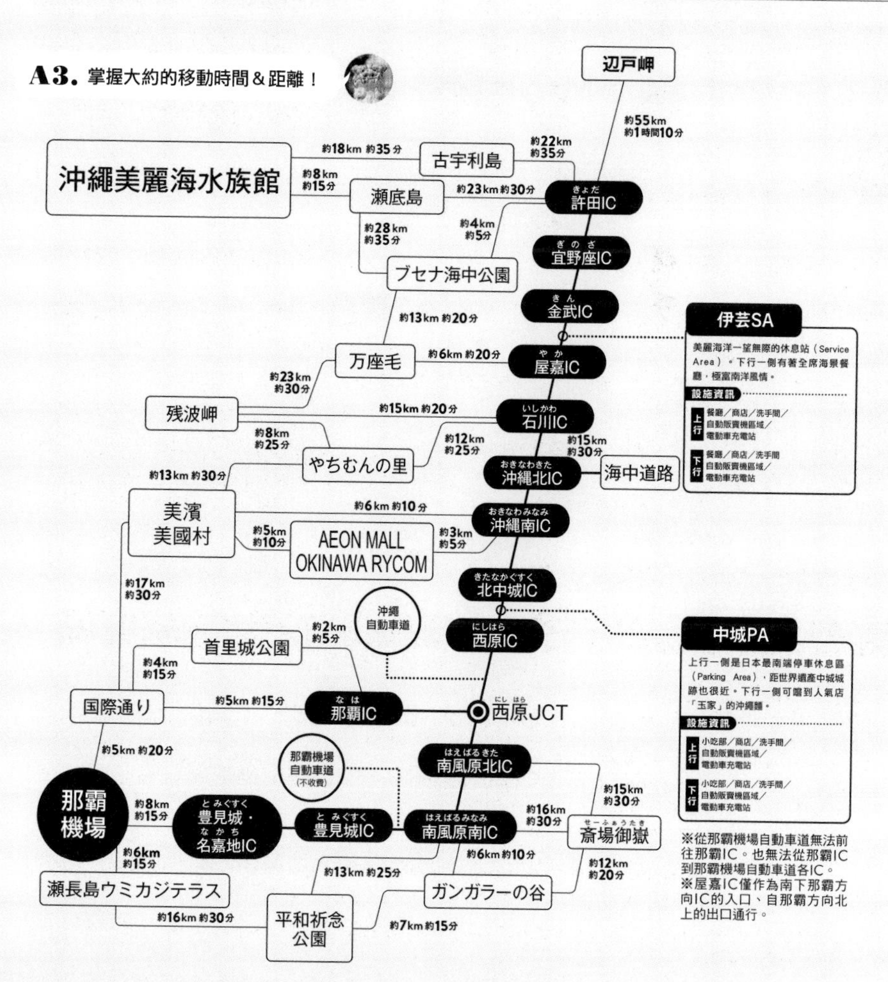

※從那覇機場自動車道無法前往那覇IC。也無法從那覇IC到那覇機場自動車道各IC。
※屋嘉IC僅作為南下那霸方向IC的入口、自那霸方向北上的出口通行。

ABOUT OKINAWA RULE

Q. 應該要事先知道的「沖繩規則」是什麼？

沖繩有太多「令到過的人都嚇一跳」的特殊規則。一起來預習這些事先知道就會很方便的資訊，或是令人感到意外的交通規則吧！

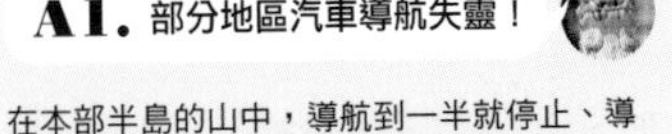

A1. 部分地區汽車導航失靈！

在本部半島的山中，導航到一半就停止、導航給的路線根本是別條路的情況時有所聞。南部地區或本部半島等地，沿著幹線道路會出現店家的看板指引，可以仰賴那些標示。

A2. 如果沒有租車，可以選擇較划算的公車！

●バスモノパス

那霸市內均一區間的那霸公車和單軌電車，不限次數搭乘的1日券1000日圓。可至單軌電車售票口或那霸公車總站購得。

●ゆいレールフリー乗車券

不限次數搭乘單軌電車的1日券800日圓和2日券1400日圓。可自售票機或售票口購得。最快2019年夏天延伸至「でだこ浦西車站」。

A3. 留意早晚的公車專用道。

國道58號線和國際通り在平日早上與傍晚都會設置路線公車專用道，一般車輛不可通行。行駛時，請留意交通號誌。

A4. 會隨時間調整成調撥車道。

交通流量高的那霸市等地，會在早晚上下班尖峰時間設置調撥車道。請留意「中央線変移区間始まり・終わり（調撥車道起點・終點）」號誌。

A5. 當心突然衝出來的動物。

與自然共存的沖繩。在山原會有沖繩秧雞或海龜，瀨長島則會有螃蟹等衝出，其「當心動物出沒」告示的標示也是沖繩特有。請務必小心駕駛。

A6. 沖繩很多活動都是根據舊曆來舉辦。

沖繩一整年的節慶活動都是按照舊曆來舉辦的。特別是中元節、清明節和舊曆過年這三大節日。為此，在4月的週末還會出現「清明交通阻塞」的狀況。

清明節（シーミー）是……？

舊曆3月到4月中旬左右，和親戚一同前去掃墓&供奉祭品，在家墳面前熱鬧地享用。

A7. 天氣預報也難為。請確認雷達回波圖。

四周被海洋包圍的沖繩，其上空很容易有雲形成，突然就下起雨來。在意天氣狀況的時候，可以看一下雷達回波圖的APP做確認。

A8. 週日禁止將車開進國際通り。

每個週日12點～18點，在國際通り的縣廳北口十字路口～蔡溫橋十字路口之間，實施「大眾運輸型徒步街（Transit mall）」。變成行人徒步區，禁止車輛通行。

A9. 海中生物，真的可怕嗎？

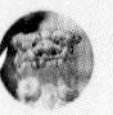

在淺灘也能看到熱帶魚的沖繩海域是浮潛樂園。但是，有些海中生物帶有毒性，絕對不可以胡亂伸手碰觸。

海中的危險生物

- 環紋簑鮋
- 波布水母
- 海蛇
- 棘冠海星

A10. 預先掌握日出、日落的時間。

6月	5月	4月	3月	2月	1月	
5:37	5:53	6:21	6:53	7:14	7:17	日出
19:17	19:01	18:46	18:30	18:12	17:49	日落
12月	**11月**	**10月**	**9月**	**8月**	**7月**	
6:59	6:38	6:21	6:09	5:55	5:40	日出
17:37	17:48	18:16	18:50	19:16	19:26	日落

※2018年8月～2019年7月為止，每月1日的日出、日落預估時間
※日落、日出的時間，每天都會改變。

A11. 最佳時機其實是梅雨結束後的5天內？

梅雨結束的時間每年都會變動，但大概都會落在6月下旬。颱風不易接近，晴天的機率也較高。再加上因為是在暑假之前所以旅費便宜，6月下旬雨季剛結束的這段時間，整體來說可稱得上是最佳旅遊時機吧。

1DAY TRIP ＼當天來回＆就近住1晚／

Q. 想知道前往離島的交通方式

沖繩由合計160個的有人與無人島所構成。在此為您總結這些可以當天來回＆就近住1晚的島嶼地點info。

琉球人也嚮往的「球美之島」

久米島

時間 3～4小時

港口 泊港
班次 1天2班（週一只有1班）
費用 3390日圓
島上觀光 環島一周約40分鐘／租車◎、租摩托車○、租自行車○、計程車○、公車×
推薦住宿天數 住1晚

陡直的山峰為醒目標的

伊江島

時間 30分鐘

港口 本部港
班次 1天4～10班
費用 720日圓
島上觀光 環島一周約30分鐘／租車◎、租摩托車○、租自行車○、計程車○、公車×
推薦住宿天數 當天來回（1天）

棲息著琉球神話的神之島

久高島

時間 高速船15分鐘，郵輪25分鐘

港口 安座真港 班次 高速船與郵輪1天6趟往返 費用 高速船760日圓，郵輪670日圓
島上觀光 環島一周約2小時／租車×、租摩托車×、租自行車◎、計程車×、公車×
推薦住宿天數 當天來回（半天）

弦月形可頌的島嶼

水納島

時間 15分鐘

港口 渡久地港 班次 1天3～11班
費用 900日圓 島上觀光 環島一周約1小時／租車×、租摩托車×、租自行車×、計程車×、公車×
推薦住宿天數 當天來回（半天）

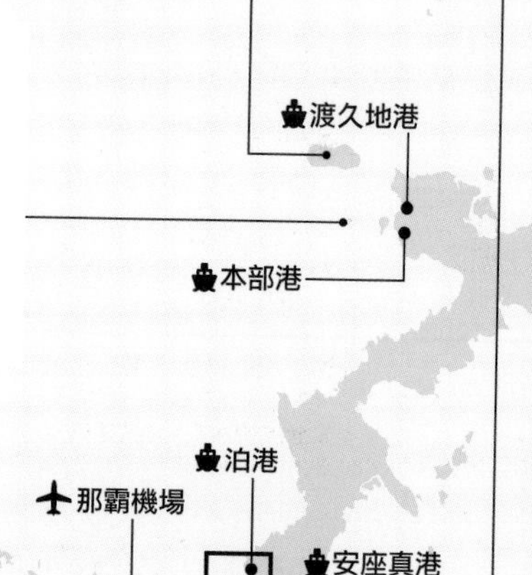

詢問處

- 渡嘉敷村（那覇聯絡處）
☎098-868-7541
- 座間味村（那覇辦事處）
☎098-868-4567
- 伊江村公營企業課
☎0980-49-2255
- 有限会社水納ビーチ
☎0980-47-5572
- 久高島振興会
☎098-835-8919
- 久米商船株式会社（那覇總公司）
☎098-868-2686

小島上的海灘巡禮

阿嘉島

時間 1小時30分鐘
（高速船50分鐘～1小時10分鐘）

港口 泊港
班次 1天1班（高速船1天2班） 費用 2120日圓（高速船3140日圓）
島上觀光 環島一周約1小時／租車×、租摩托車○、租自行車◎、計程車×、公車×
推薦住宿天數 住1晚

海上活動和賞鯨

座間味島

時間 1小時30分鐘
（高速船50分鐘～1小時10分鐘）

港口 泊港 班次 1天1班（高速船1天2班） 費用 2120日圓（高速船3140日圓） 島上觀光 環島一周約2～3小時／租車○、租摩托車○、租自行車◎、計程車×、公車○ 推薦住宿天數 住1晚

慶良間諸島裡最大的綠之島

渡嘉敷島

時間 1小時10分鐘
（高速船35分鐘）

港口 泊港 班次 1天1班（高速船1天2～3班） 費用 1660日圓（高速船2490日圓） 島上觀光 環島一周約2～3小時／租車◎、租摩托車○、租自行車△、計程車△、公車○ 推薦住宿天數 住1晚

24H Okinawa guide INDEX

#Okinawa Grocery
#找到時尚又好吃的伴手禮

#ベトナムバイク屋台・CO'M NGON
#這個那個都是homemade #滿出來的肉汁

#海の駅 あやはし館 #oceanview
#水雲天婦羅當點心吃

#可愛到不行的CALiN
#午餐也可愛到爆

#任誰都能成為模特兒的美景場所
#那就是Sunsetbeach

#哎？這是在美國嗎？
#不對這裡是北中城村 #Rose Garden

#歡迎光臨
#我是看板貓咪 #Doucatty

#ippecoppe #最後一天就要GET麵包
#司康也好吃得不像話

#360度全視角映照 #超多拍照熱點
#Ti-da Beach Parlour

#D&DEPARTMENT OKINAWA by OKINAWA STANDARD #オキコ

#VONGO & ANCHOR
#那個笑容200分大滿分

#BENJAMIN BUGER
#迸發而來的肉排鮮美

#天然海灘 #今歸仁Blue
#海浪邊 #好像冰淇淋哈密瓜蘇打

#徘徊在夜晚的国際通り
#nightshopping

#朱纓花
#不是只有扶桑花唷

#每次來都會邂逅新料理
#食堂黑猫 #已是藝術等級的美

#AMERICAN WAVE #Vintage
#港川外人住宅漫步

#大爺倆是鳳梨兄弟
#MAGENTA n blue

PROFILE

橫井直子（YOKOI NAOKO）

曾為企劃編輯，參與日本國內外旅遊書籍的製作，2012年作為自由編輯與寫作家的身分自立。主要經手沖繩和夏威夷等地旅行和美食資訊，包含沖繩離島在內，往返於沖繩的次數已經超過50次。待在沖繩的時候，胃容量會黑洞化，變成一天不忘吃進六餐~八餐的大胃王。特別喜愛海鮮、肉和炸物。另著有24H漫旅系列書《24H夏威夷漫旅》（中文版2019年推出預定）。

TITLE

24H沖繩漫旅

STAFF

出版	瑞昇文化事業股份有限公司
作者	橫井直子
譯者	黃美玉
總編輯	郭湘齡
責任編輯	徐承義
文字編輯	蔣詩綺　李冠緯
美術編輯	孫慧琪
排版	二次方數位設計　翁慧玲
製版	明宏彩色照相製版股份有限公司
印刷	桂林彩色印刷股份有限公司
法律顧問	經兆國際法律事務所　黃沛聲律師
戶名	瑞昇文化事業股份有限公司
劃撥帳號	19598343
地址	新北市中和區景平路464巷2弄1-4號
電話	(02)2945-3191
傳真	(02)2945-3190
網址	www.rising-books.com.tw
Mail	deepblue@rising-books.com.tw
初版日期	2019年6月
定價	400元

ORIGINAL JAPANESE EDITION STAFF

撮影	HIKARU
イラスト	MEGU WAZOUSKI（表紙、本誌内）
イラストマップ	寺門朋代（TSUMASAKI）
マップ	s-map
表紙・本文デザイン	iroiroinc. 佐藤ジョウタ、永吉悠真
協力	清永愛　山根彩　矢作幸代　山本聡子　横井智子　白山佳子　横井久美　株式会社ランズ
写真提供	沖縄観光コンベンションビューロー　関係各市町村観光課　関係諸施設
企画・編集	白方美樹（朝日新聞出版 生活・文化編集部）

國家圖書館出版品預行編目資料

24H沖繩漫旅 / 橫井直子作 ; 黃美玉譯.
-- 初版. -- 新北市 : 瑞昇文化, 2019.05
192面 ; 14.8x19.3公分
譯自 : 24H Okinawa guide : Perfect trip for beginners & repeaters
ISBN 978-986-401-335-7(平裝)
1.旅遊 2.日本沖繩縣

731.7889　　108005846